心一堂術數古籍整理叢刊　三式類・奇門系列

奇門秘覈

臺藏本

[元]佚　名撰
李鏘濤
鄭　同校訂

心一堂有限公司
星易圖書有限公司

書名：奇門祕覈（臺藏本）
系列：心一堂術數古籍整理叢刊　三式類　奇門系列
作者：〔元〕佚名撰：李鏘濤　鄭同校訂
主編、責任編輯：陳劍聰
心一堂術數古籍叢刊編校小組：陳劍聰　梁松盛　鄒偉才　虛白盧主　李鏘濤
莊圓　丁鑫華　天乾山人

出版：心一堂有限公司
地址／門市：香港九龍尖沙咀東麼地道六十三號好時中心LG 六十一室
電話號碼：+852-6715-0840　+852-3466-1112
網址：publish.sunyata.cc
電郵：sunyatabook@gmail.com
網上書店：http://book.sunyata.cc
網上論壇：http://bbs.sunyata.cc/

出版：星易圖書有限公司
地址：香港九龍旺角西洋菜南街十四之二十四號榮華大樓五字樓十六室
電話號碼：+852-3997-0550　+852-3997-0560
網址：http://www.xinyibooks.com

版次：二零一五年五月初版
平裝
定價：港幣　一百六十八元正
　　　新台幣　六百八十八元正
國際書號：ISBN 978-988-8316-70-0

香港及海外發行：香港聯合書刊物流有限公司
地址：香港新界大埔汀麗路三十六號中華商務印刷大廈三樓
電話號碼：+852-2150-2100
傳真號碼：+852-2407-3062
電郵：info@suplogistics.com.hk

台灣發行：秀威資訊科技股份有限公司
地址：台灣台北市內湖區瑞光路七十六巷六十五號一樓
電話號碼：+886-2-2796-3638
傳真號碼：+886-2-2796-1377
網絡書店：www.bodbooks.com.tw
台灣讀者服務中心：國家書店
地址：台灣台北市中山區松江路二〇九號一樓
電話號碼：+886-2-2518-0207
傳真號碼：+886-2-2518-0778
網絡書店：http://www.govbooks.com.tw/

中國大陸發行・零售：心一堂書店
深圳地址：中國深圳羅湖立新路六號東門博雅負一層零零八號
電話號碼：+86-755-8222-4934
北京地址：中國北京東城區雍和宮大街四十號
心一店淘寶網：http://sunyatacc.taobao.com

心一堂術數古籍 珍本 叢刊 整理 總序

術數定義

術數，大概可謂以「推算（推演）、預測人（個人、群體、國家等）、事、物、自然現象、時間、空間方位等規律及氣數，並或通過種種『方術』，從而達致趨吉避凶或某種特定目的」之知識體系和方法。

術數類別

我國術數的內容類別，歷代不盡相同，例如《漢書・藝文志》中載，漢代術數有六類：天文、曆譜、五行、蓍龜、雜占、形法。至清代《四庫全書》，術數類則有：數學、占候、相宅相墓、占卜、命書、相書、陰陽五行、雜技術等，其他如《後漢書・方術部》、《藝文類聚・方術部》、《太平御覽・方術部》等，對於術數的分類，皆有差異。古代多把天文、曆譜、及部份數學均歸入術數類，而民間流行亦視傳統醫學作為術數的一環；此外，有些術數與宗教中的方術亦往往難以分開。現代民間則常將各種術數歸納為五大類別：命、卜、相、醫、山，通稱「五術」。

本叢刊在《四庫全書》的分類基礎上，將術數分為九大類別：占筮、星命、相術、堪輿、選擇、三式、讖諱、理數（陰陽五行）、雜術（其他）。而未收天文、曆譜、算術、宗教方術、醫學。

術數思想與發展——從術到學，乃至合道

我國術數是由上古的占星、卜筮、形法等術發展下來的。其中卜筮之術，是歷經夏商周三代而通過「龜卜、蓍筮」得出卜（筮）辭的一種預測（吉凶成敗）術，之後歸納並結集成書，此即現傳之《易經》。經過春秋戰國至秦漢之際，受到當時諸子百家的影響、儒家的推崇，遂有《易傳》等的出現，原本是卜筮術書的《易經》，被提升及解讀成有包涵「天地之道（理）」之學。因此，《易・繫辭傳》曰：「易與天地準，故能彌綸天地之道。」

漢代以後，易學中的陰陽學說，與五行、九宮、干支、氣運、災變、卦氣、讖緯、天人感應說等相結合，形成易學中象數系統。而其他原與《易經》本來沒有關係的術數，如占星、形法、選擇，亦漸漸以易理（象數學說）為依歸。《四庫全書・易類小序》云：「術數之興，多在秦漢以後。要其旨，不出乎陰陽五行，生尅制化。實皆《易》之支派，傳以雜說耳。」至此，術數可謂已由「術」發展成「學」。

及至宋代，術數理論與理學中的河圖洛書、太極圖、邵雍先天之學及皇極經世等學說給合，通過術數以演繹理學中「天地中有一太極，萬物中各有一太極」（《朱子語類》）的思想。術數理論不單已發展至十分成熟，而且也從其學理中衍生一些新的方法或理論，如《梅花易數》、《河洛理數》等。

在傳統上，術數功能往往不止於僅僅作為趨吉避凶的方術，及「能彌綸天地之道」的學問，亦有其「修心養性」的功能，「與道合一」（修道）的內涵。《素問・上古天真論》：「上古之人，其知道者，法於陰陽，和於術數。」數之意義，不單是外在的算數、歷數、氣數，而是與理學中同等的「道」、「理」——心性的功能，北宋理氣家邵雍對此多有發揮：「聖人之心，是亦數也」、「萬化萬事生乎心」、「心為太極」。《觀物外篇》：「先天之學，心法也。……蓋天地萬物之理，盡在其中矣，心一而不分，則能應萬物。」反過來說，宋代的術數理論，受到當時理學、佛道及宋易影響，認為心性本質上是等同天地之太極。天地萬物氣數規律，能通過內觀自心而有所感知，即是內心也已具備有術數的推演及預測、感知能力；相傳是邵雍所創之《梅花易數》，便是在這樣的背景下誕生。

《易．文言傳》已有「積善之家，必有餘慶；積不善之家，必有餘殃」之說，至漢代流行的災變說及讖緯說，我國數千年來都認為天災，異常天象（自然現象），皆與一國或一地的施政者失德有關；下至家族、個人之盛衰，也都與一族一人之德行修養有關。因此，我國術數中除了吉凶盛衰理數之外，人心的德行修養，也是趨吉避凶的一個關鍵因素。

術數與宗教、修道

在這種思想之下，我國術數不單只是附屬於巫術或宗教行為的方術，又往往是一種宗教的修煉手段——通過術數，以知陰陽，乃至合陰陽（道）。「其知道者，法於陰陽，和於術數。」例如，「奇門遁甲」術中，即分為「術奇門」與「法奇門」兩大類。「法奇門」中有大量道教中符籙、手印、存想、內煉的內容，是道教內丹外法的一種重要外法修煉體系。甚至在雷法一系的修煉上，亦大量應用了術數內容。此外，相術、堪輿術中也有修煉望氣（氣的形狀、顏色）的方法；堪輿家除了選擇陰陽宅之吉凶外，也有道教中選擇適合修道環境（法、財、侶、地中的地）的方法，以至通過堪輿術觀察天地山川陰陽之氣，亦成為領悟陰陽金丹大道的一途。

易學體系以外的術數與的少數民族的術數

我國術數中，也有不用或不全用易理作為其理論依據的，如揚雄的《太玄》、司馬光的《潛虛》。也有一些占卜法、雜術不屬於《易經》系統，不過對後世影響較少而已。

外來宗教及少數民族中也有不少雖受漢文化影響（如陰陽、五行、二十八宿等學說。）但仍自成系統的術數，如古代的西夏、突厥、吐魯番等占卜及星占術，藏族中有多種藏傳佛教占卜術、苯教占卜術、擇吉術、推命術、相術等；北方少數民族有薩滿教占卜術；不少少數民族如水族、白族、布朗族、佤族、彝族、苗族等，皆有占雞（卦）草卜、雞蛋卜等術，納西族的占星術、占卜術，彝族畢摩的推命術、占卜術……等等，都是屬於《易經》體系以外的術數。相對上，外國傳入的術數以及其理論，對我國術數影響更大。

曆法、推步術與外來術數的影響

我國的術數與曆法的關係非常緊密。早期的術數中，很多是利用星宿或星宿組合的位置（如某星在某州或某宮某度）付予某種吉凶意義，并據之以推演，例如歲星（木星）、月將（某月太陽所躔之宮次）等。不過，由於不同的古代曆法推步的誤差及歲差的問題，若干年後，其術數所用之星辰的位置，已與真實星辰的位置不一樣了；此如歲星（木星），早期的曆法及術數以十二年為一周期（以應地支），與木星真實周期十一點八六年，每幾十年便錯一宮。後來術家又設一「太歲」的假想星體來解決，是歲星運行的相反，週期亦剛好是十二年。而術數中的神煞，很多即是根據太歲的位置而定。又如六壬術中的「月將」，原是立春節氣後太陽躔娵訾之次而稱作「登明亥將」，至宋代，因歲差的關係，要到雨水節氣後太陽才躔娵訾之次，當時沈括提出了修正，但明清時六壬術中「月將」仍然沿用宋代沈括修正的起法沒有再修正。

由於以真實星象周期的推步術是非常繁複，而且古代星象推步術本身亦有不少誤差，大多數術數除依曆書保留了太陽（節氣）、太陰（月相）的簡單宮次計算外，漸漸形成根據干支、日月等的各自起例，以起出其他具有不同含義的眾多假想星象及神煞系統。唐宋以後，我國絕大部份術數都主要沿用這一系統，也出現了不少完全脫離真實星象的術數，如《子平術》、《紫微斗數》、《鐵版神數》等。後來就連一些利用真實星辰位置的術數，如《七政四餘術》及選擇法中的《天星選擇》，也已與假想星象及神煞混合而使用了。

隨着古代外國曆（推步）、術數的傳入，如唐代傳入的印度曆法及術數，元代傳入的回回曆等，其中我國占星術便吸收了印度占星術中羅睺星、計都星等而形成四餘星，又通過阿拉伯占星術而吸收了其中來自希臘、巴比倫占星術的黃道十二宮、四大（四元素）學說（地、水、火、風），並與我國傳統的二十八宿、五行說、神煞系統並存而形成《七政四餘術》。此外，一些術數中的北斗星名，不用我國傳統的星名：天樞、天璇、天璣、天權、玉衡、開陽、搖光，而是使用來自印度梵文所譯的：貪狼、巨門、祿存、文曲，廉貞、武曲、破軍等，此明顯是受到唐代從印度傳入的曆法及占星術所影響。如星命術中的《紫微斗數》及堪輿術中的《撼龍經》等文獻中，其星皆用印度譯名。及至清初《時憲曆》，置閏之法則改用西法「定氣」。清代以後的術數，又作過不少的調整。

此外，我國相術中的面相術、手相術，唐宋之際受印度相術影響頗大，至民國初年，又通過翻譯歐西、日本的相術書籍而大量吸收歐西相術的內容，形成了現代我國坊間流行的新式相術。

陰陽學——術數在古代、官方管理及外國的影響

術數在古代社會中一直扮演着一個非常重要的角色，影響層面不單只是某一階層、某一職業、某一年齡的人，而是上自帝王，下至普通百姓，從出生到死亡，不論是生活上的小事如洗髮、出行等，大事如建房、入伙、出兵等，從個人、家族以至國家，從天文、氣象、地理到人事、軍事，從民俗、學術到宗教，都離不開術數的應用。我國最晚在唐代開始，已把以上術數之學，稱作陰陽（學），行術數者稱陰陽人。（敦煌文書、斯四三二七唐《師師漫語話》：「以下說陰陽人謾語話」，此說法後來傳入日本，今日本人稱行術數者為「陰陽師」）。一直到了清末，欽天監中負責陰陽術數的官員中，以及民間術數之士，仍名陰陽生。

古代政府的中欽天監（司天監），除了負責天文、曆法、輿地之外，亦精通其他如星占、選擇、堪輿等術數，除在皇室人員及朝庭中應用外，也定期頒行日書、修定術數，使民間對於天文、日曆用事吉凶及使用其他術數時，有所依從。

我國古代政府對官方及民間陰陽學及陰陽官員，從其內容、人員的選拔、培訓、認證、考核、律法監管等，都有制度。至明清兩代，其制度更為完善、嚴格。

宋代官學之中，課程中已有陰陽學及其考試的內容。（宋徽宗崇寧三年〔一一零四年〕崇寧算學令：「諸學生習……並曆算、三式、天文書。」「諸試……三式即射覆及預占三日陰陽風雨。天文即預定一月或一季分野災祥，並以依經備草合問為通。」

金代司天臺，從民間「草澤人」（即民間習術數人士）考試選拔：「其試之制，以《宣明曆》試推步，及《婚書》、《地理新書》試合婚、安葬，並《易》筮法，六壬課、三命、五星之術。」（《金史》卷五十一・志第三十二・選舉一）

元代為進一步加強官方陰陽學對民間的影響、管理、控制及培育，除沿襲宋代、金代在司天監掌管陰陽學及中央的官學陰陽學課程之外，更在地方上增設陰陽學課程（《元史・選舉志一》：「世祖至元二十八年夏六月始置諸路陰陽學。」）地方上也設陰陽學教授員，培育及管轄地方陰陽人。（《元史・選舉志一》：「（元仁宗）延祐初，令陰陽人依儒醫例，於路、府、州設教授員，凡陰陽人皆管轄之，而上屬於太史焉。」）自此，民間的陰陽術士（陰陽人），被納入官方的管轄之下。

至明清兩代，陰陽學制度更為完善。中央欽天監掌管陰陽學，明代地方縣設陰陽學正術，各州設陰陽學典術，各縣設陰陽學訓術。陰陽人從地方陰陽學肆業或被選拔出來後，再送到欽天監考試。（《大明會典》卷二二三：「凡天下府州縣舉到陰陽人堪任正術等官者，俱從吏部送（欽天監），考中，送回選用；不中者發回原籍為民，原保官吏治罪。」）清代大致沿用明制，凡陰陽術數之流，悉歸中央欽天監及地方陰陽官員管理、培訓、認證。至今尚有「紹興府陰陽印」、「東光縣陰陽學記」等明代銅印，及某某縣某某之清代陰陽執照等傳世。

清代欽天監漏刻科對官員要求甚為嚴格。《大清會典》「國子監」規定：「凡算學之教，設肄業生。滿洲十有二人，蒙古、漢軍各六人，於各旗官學內考取。漢十有二人，於舉人、貢監生童內考取。附學生二十四人，由欽天監選送。教以天文演算法諸書，五年學業有成，舉人引見以欽天監博士用，貢監生童以天文生補用。」學生在官學肄業、貢監生肄業或考得舉人後，經過了五年對天文、算法、陰陽學的學習，其中精通陰陽術數者，會送往漏刻科。而在欽天監供職的官員，《大清會典則例》「欽天監」規定：「本監官生三年考核一次，術業精通者，保題升用。不及者，停其升轉，再加學習。如能罷勉供職，即予開復。仍不及者，降職一等，再令學習三年，能習熟者，准予開復，仍不能者，黜退。」除定期考核以定其升用降職外，《大清律例》中對陰陽術士不準確的推斷（妄言禍福）是要治罪的。《大清律例・一七八・術七・妄言禍福》：「凡陰陽術士，不許於大小文武官員之家妄言禍福，違者杖一百。其依經推算星命卜課，不在禁限。」大小文武官員延請的陰陽術士，自然是以欽天監漏刻科官員或地方陰陽官員為主。

官方陰陽學制度也影響鄰國如朝鮮、日本、越南等地，一直到了民國時期，鄰國仍然沿用着我國的多種術數。而我國的漢族術數，在古代甚至影響遍及西夏、突厥、吐蕃、阿拉伯、印度、東南亞諸國。

術數研究

術數在我國古代社會雖然影響深遠，「是傳統中國理念中的一門科學，從傳統的陰陽、五行、九宮、八卦、河圖、洛書等觀念作大自然的研究。……傳統中國的天文學、數學、煉丹術等，要到上世紀中葉始受世界學者肯定。可是，術數還未受到應得的注意。術數在傳統中國科技史、思想史，文化史、社會史，甚至軍事史都有一定的影響。……更進一步了解術數，我們將更能了解中國歷史的全貌。」（何丙郁《術數、天文與醫學中國科技史的新視野》，香港城市大學中國文化中心。）

可是術數至今一直不受正統學界所重視，加上術家藏秘自珍，又揚言天機不可洩漏，「（術數）乃吾國科學與哲學融貫而成一種學說，數千年來傳衍嬗變，或隱或現，全賴一二有心人為之繼續維繫，賴以不絕，其中確有學術上研究之價值，非徒癡人說夢，荒誕不經之謂也。其所以至今不能在科學中成立一種地位者，實有數因。蓋古代士大夫階級目醫卜星相為九流之學，多恥道之；而發明諸大師又故為惝恍迷離之辭，以待後人探索；間有一二賢者有所發明，亦秘莫如深，既恐洩天地之秘，復恐譏為旁門左道，始終不肯公開研究，成立一有系統說明之書籍，貽之後世。故居今日而欲研究此種學術，實一極困難之事。」（民國徐樂吾《子平真詮評註》，方重審序）

現存的術數古籍，除極少數是唐、宋、元的版本外，絕大多數是明、清兩代的版本。其內容也主要是明、清兩代流行的術數，唐宋或以前的術數及其書籍，大部份均已失傳，只能從史料記載、出土文獻、敦煌遺書中稍窺一鱗半爪。

術數版本

坊間術數古籍版本，大多是晚清書坊之翻刻本及民國書賈之重排本，其中豕亥魚魯，或任意增刪，往往文意全非，以至不能卒讀。現今不論是術數愛好者，還是民俗、史學、社會、文化、版本等學術研究者，要想得一常見術數書籍的善本、原版，已經非常困難，更遑論如稿本、鈔本、孤本等珍稀版本。在文獻不足及缺乏善本的情況下，要想對術數的源流、理法、及其影響，作全面深入的研究，幾不可能。

有見及此，本叢刊編校小組經多年努力及多方協助，在海內外搜羅了二十世紀六十年代以前漢文為主的術數類善本、珍本、鈔本、孤本、稿本、批校本等數百種，精選出其中最佳版本，分別輯入兩個系列：

一、心一堂術數古籍珍本叢刊

二、心一堂術數古籍整理叢刊

前者以最新數碼（數位）技術清理、修復珍本原本的版面，更正明顯的錯訛，部份善本更以原色彩色精印，務求更勝原本。并以每百多種珍本、一百二十冊為一輯，分輯出版，以饗讀者。

後者延請、稿約有關專家、學者，以善本、珍本等作底本，參以其他版本，古籍進行審定、校勘、注釋，務求打造一最善版本，方便現代人閱讀、理解、研究等之用。

限於編校小組的水平，版本選擇及考證、文字修正、提要內容等方面，恐有疏漏及舛誤之處，懇請方家不吝指正。

心一堂術數古籍珍本整理叢刊編校小組

二零零九年七月序

二零一四年九月第三次修訂

校訂序

奇門遁甲，又稱奇門、奇門遁、遁甲，為三式之一。三式者，太乙、奇門、六壬是也，分別對應天、地、人三才。相傳奇門產生于黃帝戰蚩尤時，迄今四千六百多年。或因奇門遁甲對應於三才之地才，即所謂傳說中奇門遁甲源於古代軍事上的排兵佈陣，故歷代以來，奇門遁甲用於軍事占斷最多，而且傳世的奇門遁甲經典典籍作者多為中國歷史上著名的軍事家，如有遠古之黃帝、周代之姜太公、漢代之張良、三國之諸葛亮、明代之劉伯溫等。至漢，中國道家的興起，道家學說與奇門遁甲結合，奇門遁甲成為道家最高層次的預測術，尤其大量採用道家之符咒，更是增加了奇門遁甲的神秘性。由此，奇門遁甲衍分為術奇門和法奇門兩大宗另有分法有五宗：一曰天星奇門，即禽遁，二曰三元奇門，三曰法術奇門，四曰飛宮奇門，五曰日家奇門。

奇門遁甲的含義是由「奇」、「門」、「遁甲」三個概念組成。「奇」就是乙日、丙月、丁星三奇；「門」就是奇門遁甲休、生、傷、杜、景、驚、死、開八門在排宮法中是八門，在飛宮法中九門：休、死、傷、杜、中、開、驚、生、景；「遁」即隱藏，「甲」指六甲，即甲子、甲戌、甲申、甲午、甲辰、甲寅，「甲」是在十干中最為尊貴，它藏而不現，隱遁於六儀之下。「六儀」就是戊、己、庚、辛、壬、癸。隱遁原則是甲子同六戊，甲戌同六己，甲申同六庚，甲午同六辛，甲辰同六壬，甲寅同六癸。另外還配合蓬、任、衝、輔、英、芮、柱、心、禽九星；同時還要配合八神：值符、螣蛇、太陰、六合、白虎、玄武、九地、九天（在排宮法中用這個八神，在飛宮法中用九神：值符、螣蛇、太陰、六合、太常、白虎、玄武、九地、九天。）

觀歷代奇門遁甲歷代典籍，其排盤分為排宮法和飛宮法兩種，或又有兩者混合法。流通本多以排宮法為主，元代之前，似並不繁複。元明之時，奇門遁甲占斷體系突變。排宮法除最常尤其是飛宮法，見的中「五宮寄坤二，天八神」排法外，又出現了其他排法，如「中五宮寄坤二，地八神」、「中五宮陽遁寄艮八，陰遁寄坤二，天八神」等，而飛宮法更是眼花繚亂，如明陶仲文之「陶真人飛宮法」、甘氏《奇門一得》之飛宮法、「陽順陰逆飛宮法，有中門」、「陽順陰逆飛宮法，無中門」等。更有甚者，將原九星順飛或逆飛，弄成前四順後五逆。飛轉結合混合法，就更加繁複，目前所見就有「奇儀轉，八門轉，九星飛，八神轉」、「奇儀飛，八門轉，九星飛，八神轉」、「奇儀飛，八門轉，九星飛，八神飛」、「奇儀飛，八門轉，九星飛，八神轉」、「奇儀飛，八門飛，九星飛，八神轉」等排法，未見到更多。多種說法，紛紛紜紜，難以確認。加之又引入其他術數理論，更是讓人難以適從。古云：「學會奇門遁，來人不用問。」因此，歷史上擅長奇門遁甲者，更是藏之以珍，秘不示人。明清以來，各種奇門遁甲典籍推陳出新，其間真僞混雜，難以甄別，故又有云「奇門之書，十有九僞。」然傳世之奇門遁甲典籍，雖有僞訣夾雜其間，但亦含有真訣，能否識別當依學者之能力。

《奇門秘覈》，同書名但書不同者甚多，除臺灣國立中央圖書館所藏鈔本外，筆者另外尚見有二種藏於大陸北方圖書館。今校訂出版之《奇門秘覈》，乃臺灣國立中央圖書館所藏鈔本，故在其書名後加以「臺藏本」以示區別。是書未署何人所撰，具體作者姓氏無法詳考。全書分為三篇，第一篇曰《禽遁》，第三篇曰《遁甲》，中間之篇无名，其與前後兩篇內容不盡相同，故取名《奇門》予以區別。《禽遁》篇之小引，末注「至正二年二月望日書」，當可推斷此書成書年代在元至正二年（西元一三四二年）。在與目前奇門遁甲流通本相比，此書摘錄了些秘訣，可與流通本比較閱讀。《奇門》篇列舉奇門遁甲基礎性歌訣，同時在《遁甲》篇抄錄了一些早期的奇門遁甲賦文，與明清刊行流通本相比互有增刪，例如「煙波釣叟歌」與明清流通本就有差異，又可勘正明清刊行流通本之異，例如「三奇到方尅應」，與《奇門寶鑑》所列同類內容差異頗大，《奇門寶鑑》之「三奇到方尅應」摘錄於兩種本子，而本書同類內容可視作第三種本子。

今與鄭同君一起以臺灣國立中央圖書館所藏鈔本為底本，重新校訂刊行，望能有助於奇門遁甲進一步的研究和推廣。同書名的其他館藏書，或等將來有緣再予以校訂出版。因個人水準有限，文本錄入和校對過程中難免存在錯漏之處，還請方家指正。

歲次乙未孟春東海寧波李鏘濤於璇璣居

奇門秘覈目次

奇門篇

奇門秘藪目次終

小引

與昔所藏太保劉文真公之書，已與足下言之，熟矣。集遭時之并平，老而無用，今以秘文訣旨細封奉去尤可戒。諸子孫慎勿輕泄，果能以悉心推究，恭敬奉持，庶不負前人之志，而於扶危拯難，撥亂安邦，則未必無小補云。

至正二年二月望日書

詩曰：

數載歸來習見聞，翻思世事總虛文。

春深不覺龍蛇混，火熾終憐玉石焚。

千里華騮隨宛過，五湖風月許誰分。

經綸天下無窮術，留得殘篇負與君。

郁離子次前韻

帷幄心書義不聞，偶於市肆見遺文。

枝頭碩菓誰能食，壁底殘篇自不焚。
太保輔元歸一統，武候復漢定三分。
安邦撥亂寧無術，用助忠貞佐聖君。

至正辛已仲秋朔旦謹識，余閱是書信其傳有自來感而賦此。

奇門秘覈之禽遁篇

元佚名　撰集
東海寧波李鏘濤　校訂
燕京鄭　同　參訂
東海舟山莊　圓　校閱

初禽訣曰

七曜禽星會者稀，日虛月鬼火從箕。
水畢木氐金奎位，土宿還從翌上推。
會者一元倒一指，就在倒指子移宮。
看到時宮是何宿，分明吉凶報君知。

初禽起例

假如癸卯年四月初八日庚午卯時用事，其日乃參水猿值日，是二元甲子，卻念前歌曰：金奎倒一指，木氐倒二指，就從氐宿逆數七曜七日無除，乃畢宿值時。就畢宿移在子上，順數丑上觜，寅上參，卯上井木犴，即所用之時也。餘倣此。右皆一應吉事，見官、會人、求謀及日用之事，依此取用，除用兵取勝不在此數。

翻禽倒將訣曰

氣將加時子細尋，將頭順數到初禽。
尋見時中真宿主，逆回原位故天禽。
用兵不假天禽力，萬馬千軍枉用心。
若問翻禽與倒將，古今能士少知音。

翻禽倒將起例

假如癸卯年五月初十日辛丑巳時用事，是日乃柳土獐值日，係二元甲子，卻念前歌云：金奎倒二指，木氐倒二指，就從氐宿逆數七曜，除五七三十五餘三日，乃翌宿值時。就從翌宿移在子上，丑時軫，寅時角，卯時亢，辰時氐，巳時房日兔，乃初禽就一甲，午將頭胃宿加於初禽巳上，順數午上昴，未上畢，申上觜，直數到第二遍，申上尋見初禽房日免，卻逆迴未上心，午上尾，巳上箕水豹，即翻禽倒將之法是也。

右凡二十八宿之禽，皆無所懼，但忌爭權受死之日、暗金伏斷之時，餘皆不避。

用禽之法

禽之所用，其來尚矣，先聖所謂參天地之造化。又曰：時日狐虛旺相之法。孫子亦曰：陰陽寒暑，時製是也。凡吉凶禍福、謀望、爭鬥、日用常行之事，皆以初禽主之。若王者撥亂興衰以順討逆，則以氣將行之。故雖有智謀之將，勇銳之卒，陣堅糧足，馬壯兵強，不律天時、不知氣候而能決勝者，未之有也。

訣例

凡演禽之法，先分主客。日為主將，時為行將。日為他人，時為本身。日主靜，時主動。地下用一禽，天上煞一星，故兵者聖人不得已而用之。若日主高強，時宿衰弱，則堅壁以守之。若日之日宿醇靜，素無殺伐之威，時禽剛猛又兼吞啗之權，加之氣將之臨，則奮擊以攻之，百發百中無疑矣。

二十八宿禽名

角蛟木　亢龍金　氐貉土　房兔日　心狐月　尾虎火　箕豹水　斗獬木　牛牛金　女蝠土

虛鼠日　危燕月　室豬火　壁貐水　奎狼木　婁狗金　胃雉土　昴雞日　畢烏月　觜猴火

參猿水　井犴木　鬼羊金　柳獐土　星馬日　張鹿月　翌蛇火　軫蚓水

七曜生忌

木生在亥，火生在寅，金生在巳，水生在申，土旺於四季，日生在午，月生在未。

十二宮生尅制化

長生　沐浴　官帶　臨官　帝旺　衰　病　死　墓　絕　胎

十二官所主　即十二宮鎖泊

寅卯山林　辰戌崗岥　丑午湯火　丑未田野　申酉刀砧　亥子江湖

五行生尅

金生水，水生木，木生火，火生土，土生金。金尅木，木尅土，土尅水，水尅火，火尅金。

七元甲子旬頭

一元甲子虛	甲戌參	甲申氐	甲午室	甲辰鬼	甲寅心
二元甲子奎	甲戌星	甲申箕	甲午胃	甲辰翌	甲寅牛
三元甲子奎	甲戌角	甲申虛	甲午參	甲辰氐	甲寅室
四元甲子鬼	甲戌心	甲申奎	甲午星	甲辰箕	甲寅胃
五元甲子翌	甲戌牛	甲申畢	甲午角	甲辰虛	甲寅參
六元甲子氐	甲戌室	甲申鬼	甲午心	甲辰奎	甲寅星
七元甲子箕	甲戌胃	甲申翌	甲午牛	甲辰畢	甲寅角

七元四時

一元虛甲子	張己卯	室甲午	軫己酉
二元奎甲子	亢己卯	胃甲午	房己酉
三元畢甲子	尾己卯	參甲午	斗己酉
四元鬼甲子	女己卯	星甲午	危己酉
五元翌甲子	壁己卯	角甲午	婁己酉
六元氐甲子	昴己卯	心甲午	觜己酉
七元箕甲子	斗己卯	牛甲午	柳己酉

暗金伏斷凶日

子虛丑斗寅嫌室，卯女辰箕巳怕房。
午角未張申忌鬼，酉觜亥胃壁被傷。

暗金伏斷凶時暗金伏斷時，金星重來伏藏於本時之中，故各有所忌也。

太陽直日鼠虎雞，太陰有馬不堪騎。
火燒牛兔牢縛犬，水浸羊頭君不知。
木弩射龍豬也怕，金彈傷猴遠樹枝。
土穴捉蛇休要弄，此是暗金伏斷時。

受亡日

正戌二辰三亥中，四巳五子六馬同。
七丑八未九寅值，十申十一在卯宮。
十二月中雞報曉，吉星多處也遭凶。

氣將

但凡所謂將頭者，每一輪六十日分為四將，十五日為一氣，俱以甲子、己卯、甲午、己酉週而復始。如用出兵之禽，則以將頭加於所用之時，順數尋見初禽，又逆迴初禽值時，看是何禽，就是翻禽倒將之法。

二十八宿形氣所屬

角木蛟　寅午　伏斷　戌

角雖水獸即名虬，增□營謀利遠遊（校註：按句義，原文此句應缺一字）。
春夏逢時添旺氣，秋冬岩穴遇幽囚。
雲陰雨暗凶宜用，日暖風和善可求。

勢敵諸星無不勝，只除畢井亢龍休。

角者，即水中獨角龍也。春夏生旺，秋冬無氣。亥子乃江湖得地之宮，若求吉事，貴在晴明。爭鬪出陣，陰雨添威。怕井，讓畢，除翌、軫。利於水處，而不宜於陸地。用者詳之。

亢金龍　亥江湖　卯雷門　未田野

此星名作亢金龍，四季常潛在水中。
買賣見官晴則吉，出陣爭鬪雨為凶。
秋冬岩穴藏身地，亥子江湖得地宮。
畢井讓來皆可伏，若逢春夏更英雄。

亢者，八瓜雙角，乃金龍也。春夏旺氣，秋冬休囚。爭鬪、謀望，情吉，雨凶。若論出兵戰鬪，除井、畢二星之外，皆可降伏。能擒翌、軫，合蛟。卯為雷門，亥為正殿，未為田野，遇晴則吉，遇雨則凶。吉事用之，取巧合室，不可以為常也。其色宜白。

氐土貉　申　子　辰

奸星氐土貉為名，專主陰謀利詭兵。

能度黄昏生巧計，若逢白日會藏身。
旺於四季皆宜用，泊在三宮　可行。
若問出身是何物，深山千歲老猴精。
氐者，乃深山千年獨猴精也。秉性奸險，利於助淫。若論行藏遁身，晝夜皆能。四時有氣。吉事用之，不能與一禽相合。宜偷營刧寨，不宜戰鬦。

房日兔　巳　酉　丑

房兔名陽本屬陰，忌逢辰戌綱羅侵。
安身有計穿三穴，鬦志無能害一禽。
尾奎箕婁皆害己，觜張昴胃可同心。
細微之物生奸計，宜向中秋月夜尋。
房者，即山中之狡兔也。常在山林茅草之處，每穿三窟以防不虞，此可見奸計。合張、柳、觜、參、星、鬼、牛、胃，怕尾、奎、箕、婁。宜見官會事，取捨行之而不主殺伐，故不宜於凶也。

心月狐　寅　午　戌

詭詐之星號曰狐，夜間多計日間無。
平生所怕諸禽者，箕尾奎婁畢月烏。
胃昴女虛危翌軫，若還一日便嗟吁。
有何勢力能驅井，此物無過臭氣汗。

心者，狐狸星也。日伏夜遊，四時有氣。利於詭兵、奸盜、助淫，專主偷營劫寨。若於吉事，不合一禽。食胃，吞昴，踐軫，降危，怕尾、箕、畢、斗，能制井。宜凶，不宜吉也。

尾火虎　亥　卯山林　未

夜裏添威白晝藏，火雖旺夏四季光。
若逢角亢須當讓，怕斗奎箕畢井傷。
所食禽中諸獸者，室牛婁鬼柳星張。
遇寅卯未三宮上，得地皆為出陣強。

尾者，即山中之虎也。日伏夜遊，四時有氣。凶猛之物，勇氣百倍。怕井、畢、斗、奎，讓箕，不能勝角、亢，亦與無干，食鬼、柳、星、張、房、婁、觜、參、心、壁、室、牛。利於殺伐，而不宜於吉也。

箕水豹　申　子　辰（伏斷）

四時得地旺二冬，常在山林岩穴中。
或尋郊野求食用，若泊辰為伏斷宮。
怕奎畢井兼斗宿，子申寅卯喜相逢。
無謀卻有人好勇，百獸須都見者凶。

箕者，與虎同類也，而不能相合，身有班紋。四時有氣。怕井、斗、奎、畢，讓角、亢。所食者，與虎相同。取吉求謀，諸禽無合，用兵無不勝也。

斗木獬　巳　酉　丑（伏斷）

斗木之星春夏同，勢雄兩反旺秋冬。
見官出陣多威勇，輸與江湖畢井龍。
泊在丑宮為伏斷，若逢巳酉更英雄。
林岩得地降諸（校註：此處之後原本闕。）

牛金牛（校註：此處原本闕。）

女土蝠（校註：此處原本闕。）

虛日鼠

校註：此處之前原本闕。獸不罰，吉凶二事全無用。

危月燕　巳　酉　丑

此禽危月燕為名，原是風流灑落星。
暖日微風輕翼羽，春分秋社有精神。
穿簾入幕屋幽地，大廈高堂近貴人。
交易官事無不利，在巢尤怒翼心驚。

危者，灑落之星，風流之宿。一生見官利貴。春分後、秋社前有氣。若論吉星，二十八宿之中惟為第一。合胃、昴、觜、參、星、鬼、室、婁，怕畢、心，能食軫。

室火豬　寅伏斷　午　戌

無用之星室火豬，寅時伏斷竟何如。
午逢湯火戌遭綱，泊在三宮總是虛。
八節刀砧尤怕懼，一生心性慢癡愚。
若於交易織毫事，昴鬼牛星合可為。

室者，即人家之豬也。四時有氣，夜伏日遊，乃無用之物。怕奎、婁、尾、箕、畢、斗，合牛、星、鬼、昴、觜、參。全無殺伐，止殺翼火蛇一宿而已。

壁水貐　亥伏斷　卯　未

壁水貐名旺秋時，四季還堪借用之。
雖在亥宮為伏斷，縱居卯未亦無奇。
與心氐貉名室合，逢畢奎婁亦可悲。
若使鬼兵行小事，水邊夜計有誰知。

壁者，水獺是也。四時有氣。藏身近水之處，入波取魚，此其能也。亦主奸盜邪淫，夜多詭計。日怕奎、婁，夜怕心、畢。吉事無取。

奎木狼　申　子　辰

面帶霜威凜氣寒，奎星屬水旺春官。
四時有氣英雄喜，百獸無交將相權。
除井蛟龍兼畢斗，其餘諸宿莫相干。
高強之宿偏宜勇，出入成群獨不安。

奎者，乃山林豺狼是也。四足兩身，名為狼懼，專主殺伐。吉事怕畢，懼井，讓角、亢，食牛、鬼、婁、星、柳、張、房、室、觜、參。有虎豹霜威鐵面，諸獸無敢當者。出兵決勝，勇氣百倍，高強之宿也。

婁金狗　巳　酉　丑

四特得地旺秋天，夜間常吠日間閑。
常懷衛主恩義重，不厭家貧意可堪。
纏草能招君子愛，尾搖魯乞貴人憐。
豬羊燕馬皆相合，鬼柳房室張被啖。

除畢、井、斗、奎、箕、尾，所食與奎相同。合星、牛、危、昴、觜、參。吉凶兩用之宿也。

胃土雉　寅　午　戌

胃宿雖名雉土纏，春鳴山嶺夏歸田。
若逢晚稻收成日，便是秋風飽暖天。
女蝠氐翌軫水蚓，或時一見亦堪憐。
只愁何物為吞啗，畢月心狐夜不眠。

胃者，山林野雞也。文翅錦毛，貴人所愛。春鳴山，夏歸田，秋冬飽暖。合房、柳、觜、參、張、危，怕奎、婁、畢。若於用兵，止能擒軫一宿而已。

昴日雞　亥　卯　未

昴雞本是太陽星，五德兼全近貴人。
四季常守隨地飽，更依丑約報天明。
煖尋軫食寒愁相，夜忌狐吞晝畢驚。
出陣止能擒軫宿，見官會事用為精。

昴者，即人家之雞也。四時得地，夜伏日遊。合胃、牛、觜、參、星、鬼、室，怕心、畢、奎、婁，食軫。行兵與胃同。

畢月烏　申　子　辰

三足之烏是畢星，日閑天氣夜傷人。
不拘井斗皆宜懼，惟有蛟龍獨不驚。
甲子兩宮皆得地，禽星見者必遭刑。
黃夜恐有無情處，君子行之可老成。

此星日應天象，夜則傷人，乃火星之精也。二十八宿之中，除角、亢之外，無不受刑。雖井、宿威權，尚不能抗敵。自寅至午，稍善至亥，其凶莫當出兵，閗勝氣勇百倍。

觜火猴　巳　酉伏斷　丑

此宿名為觜火猴，一生歡喜不知愁。天寒潛跡歸山洞，菓熟身藏在樹頭。氐貉參猿宜與合，室豬星馬意相投。兒童之相遭人戲，左右之間事可謀。

觜者，猢猻是也。四時有氣，日夜遨遊。能招貴人之愛，秋間菓熟是其時也。合參、星、張、房、柳、胃、牛、鬼，怕尾、箕、奎、婁、畢、翌。專主利官見貴，不宜用兵。

參水猿　寅　午　戌

參水猿星在北方，秋間飽煖樹頭藏。枝頭霜菓未曾熟，不敢先偷一顆嘗。除合觜星氐貉外，其餘皆不過尋常。

爭雄鬥敵原無取，會事營求遇為強。

參者，乃山中金絲猿也。亦主利官見貴。四時有氣，日遊夜遁。所怕、所合與觜相同。二十八宿要求合禽，參、觜二宿與星、馬合為第一，心猿意馬是也。

井木犴　亥江湖　卯正殿　未田野

犴能作浪與興波，反在秋冬旺氣多。
獸能降龍吞虎豹，飡食生鐵吸江河。
平生只怕腥臊氣，須要心狐敢捉他。
二十八宿都用盡，並無一物禁之何。

犴者，乃吉之獸也。今世化影云，上山食虎豹，下水食蛟龍，饑則飡鐵銕，渴則飲江河，興波作浪降百獸。若行兵決勝，讓畢怕心，其餘諸星莫敢當其鋒矣。

鬼金羊　申伏斷　子　辰

鬼宿癡愚旺在秋，夜間常伏日間遊。
酉申最忌刀砧響，忌午湯火亦可憂。

所怕奎婁箕尾畢，合張昴室柳星牛。
逢時值日皆無用，更有申宮伏斷雞。

鬼者，乃人家之羊也。白毛雙角，夜伏日遊，四時有氣，稟性純善。怕尾、箕、奎、婁、畢、斗，合星、室、昴、觜、參、張、房、柳、胃。吉事可行，出兵無取。

柳土獐　巳　酉　丑

柳星原是野獐兒，常被凶禽猛獸欺。
四季能招人愛惜，三冬須望正當時。
房牛張胃觜參鬼，若得相逢百事宜。
凶惡用事無氣力，利於交易最爲奇。

柳者，乃山林中野獐也。常在茅草山崗之中，利益見官爲上。怕井、斗、奎、婁、尾、箕，合張、房、觜、胃、星、牛、鬼。專主吉事，不利行兵。

星日馬　寅　午　戌

星馬禽中主騾馳，斗箕尾翌畢相欺。

天時得地行千里，日午當空旺四時。
遠出求謀兼會事，觜參婁室鬼張宜。
見官未免遭羈絆，取勝須還翌氐奇。

星者，即馬也。出入近貴，馳驟千里之能，然未免索絆之患。天晴稱心，陰雨勞碌。怕畢、翌、尾、箕、奎、斗，合觜、參為上，室、牛、婁、鬼次之，除閉敵，一事無取。吉事用之，無不利也。

張月鹿　亥　卯　未

山林深處久藏身，出入之間遇貴人。
三月融和春日煖，百花爛熳喜天晴。
怕婁尾畢奎箕斗，合室房牛鬼柳星。
若用見官無不利，求財謀事始終成。

張者，即山中之鹿也。雙角班色，身高腳輕，貴人所愛。四時得地，稟性清閑，春煖天晴，啣花稱壽。所怕所合與柳同，利吉而不利於凶也。

翌火蛇　申　子　辰

可怕之星翌火蛇，春深出土蟄離家。

惡心毒口人爭惡，猛性凶形眾共嗟。
若遇蛟龍當拱奉，又逢室畢不須誇。
見官無罪遭刑罰，用著之時莫晦嗟。
翌者，乃草中所生之蛇，人皆可惡。春夏旺，秋冬伏。不利之禽，不可用也。

軫水蚓　　巳　酉　丑

癡蠢之禽是軫星，若逢雞雉主喧驚。
秋冬雖旺原無氣，春夏當時始見形。
六合陰晴常暗昧，三光晝夜不分明。
見官事大終成小，巳酉之宮用前精。
軫者，即今之蚯蚓也。春分後寒露前有氣，無足、無目、無頭、無尾，自己無能反受他人刑傷。吉凶二事皆無可取，見官用事無可取也。

四時生旺興衰

以上諸禽，當用者，取其生旺以避休囚；所忌者，爭雄受亡之日，暗金伏斷之時。除此，其餘惡星惡煞俱各不忌，如角、亢、翌、軫、女、危，旨春分有氣，寒露潛形；奎、心、畢、斗、尾、箕，夜裡添威，日間少氣。又在辦其善惡，審其吉凶，臨事消詳，隨機而用，不可滯於一偏以垂大事。

總論

二十八宿禽，離合吞伏，各有所屬。井水犴尅降蛟龍、虎豹，而懼心月狐。星日馬雖能日馳千里，而怕翌火蛇。奎雖二物合形，而能食星斗、降虎豹。心乃一拳小獸，而能食胃昴，伏井危女。虛夜生奸盜，而白日無能。氐土貉白晝遁形，而夜間譎詐。胃昴二宿能降一軫，觜參二宿惟合一氐。會意投機獨羨心猿意馬，利官見貴無過危燕觜猴。殺伐之星首則畢井斗奎，次則心婁虎豹。同心之宿先取柳張房胃，次尋室鬼星牛畢。井於眾宿之中威權第一，奎斗於諸禽之內殺伐為尊。柳房胃觜參鬼，動則招人之愛。畢尾箕處翌軫，出而為世之嫌。井斗雖身勢高強，而不能食房虛之小物。危昴本形軀纖細，而不憚虎豹之雄威。又如家雞不出戶，野獸不相関，山禽不下水，水禽不上山，以類而推，難於備贅。臨時取用，活法消詳，此天機不傳之秘也。

離

所謂離者，使其兩不合陣而戰也。凡敵無兵相勝之理，故須使彼敗而不傷其身耳。用禽之法，如春月用箕水豹、擒觜火猴之類。訣云：箕雖勢力凶強，禁不當令；觜雖有氣力弱，難以掩其身。故水又尅火，豈□□戰？噫！雖降伏百獸之威，而觜有騰身攀岩走壁之能，何得擒哉？是謂離也。

合

所謂合者，須使天禽高強，地獸衰弱，日尅時宿用之之法，如春月使奎木狼擒婁鬼之類。訣云：奎乃英雄之物，二十八宿無一禽能支。且春來得令，金又尅木，日尅時宿，彼來尅我，豈不戰就擒？是為合也。

勢

所謂勢者，須要天禽極大，使別獸再莫能當。須擇其吉時，遁取吉方，領兵佈陣，圍遶三匝，大喊三聲，回營固守，敵人終莫敢近。用禽之法，如春月使斗木之類。訣云：四七之中，雖井斗之星乃禽中之尊，復得春令，何愁不固？若用禽得地，不須兩擇時，方靜坐以持之，足為勢也。

伏

所謂伏者，使得其臨陣降伏，而無刑傷是也。用之之法，如春月使星日馬擒室、鬼、柳、張之類。訣云：星者，乃身勢高大，得地千里。室、柳、鬼、張之宿，況無征戰之威，且各禽食百草之物，兩無吞啗。噫！柳張之類有拒敵之心，何敢當其星日馬之身勢，是為伏也。

禽中二十八宿破陣法

角木蛟直日，要刀一把，先丟入陣中，更犁頭一隻打入陣。

亢金龍直日，要口念唵數聲，更用犁頭、鐵皆可。

氐土貉直日，要盡元，先抛入陣中，作狗聲，更犁頭鐵制。

房日兔直日，先盡紙月抛入陣中，作狗聲，入破綱打去。

心月狐直日，要紙盡一婦人，抛入陣中，作犬聲。

尾火虎直日，要紙畫一獅子，丟入陣中，火綱羅打，敢弓箭射這黃羅涼傘。

箕水豹直日，要生豬等肉拋入陣中，連用弓箭、鑼鼓破。

斗木獬直日，要作雅聲大噉，冒弓箭拋射之。

牛金牛直日，要丸一片，更碗盛火打入陣。

女土蝠直日，要用丸一片，見陣打破，用竹篙上插火把燒入陣去，作雅三聲。

虛日鼠直日，要作貓聲，並口含米打陣。

危月燕直日，要泥一塊，拋入陣，碗裝火，破綱打入陣去。

室火豬直日，要鐵鉤先打入陣去，作虎聲，糖食、麻繩打陣。

壁水貐直日，要繒綱打入陣，要用燕口大血喊入陣。

奎木狼直日，要用石頭染血打入陣，用生羊肉大喊打入陣。

婁金狗直日，要混米湯先潑入陣，更用虎皮。

胃土雉直日，要雞一隻打入陣，要無頭含米作雅聲，破綱大喊打陣。

昴日雞直日，作雞聲喊入打陣。

畢月烏直日，紙上盡日並生雞，弓箭射，大喊打入陣。
觜火猴直日，要菓子并紙畫蝦蟆，大喊打入陣。
參水猿直日，要樂打入陣，菓子大喊打之。
井木犴直日，要火打入，紙畫蝦蟆打陣。
鬼金羊直日，要作犬吠聲、虎叫，草打陣。
柳土獐直日，要犬向先，丟陣軍士作虎聲，叫草束打陣。
星日馬直日，要黑白豆一升六，合先拋入陣，繩索、馬鞭、籠頭打陣。
張月鹿直日，要花草拋入陣，軍士作虎叫大喊打陣。
翌火蛇直日，要泥一塊并鳥禽放陣，用蝦蟆不用雞打陣。
軫水蚓直日，要木草葉拋入陣中，再用磚土、犁頭打陣。

二十八宿藏身法

角木蛟直時，用水洗面目方出，含水噀。
亢金龍直時，作雷聲方出，水噀洗之。

氐土貉直時，竹作井字，插頭上方出，更撚土塊。
房日兔直時，紙畫日，頭上插木葉。
心月狐直時，左手撚石一塊方出，頭上插木葉。
尾火虎直時，用花一朵插頭上，一云盡佛字安頭上。
箕水豹直時，插木葉於頭上，出。
斗木獬直時，用水洗面目手足，橫行方出，噀方去。
牛金牛直時，草插頭上方出，手把亂草、茅草、插木葉。
女土蝠直時，左手撚丸片，插木葉方出。
虛日鼠直時，手撚米穀，并亂茆方出。
危月燕直時，手撚土泥方出。
室火豬直時，紙書山字頭巾上，手執亂茅出。
壁水貐直時，水洗面目手足，草插頭巾上，含水噀出。
奎木狼直時，插木葉頭巾上出。
婁金狗直時，要手中撚亂茆出。
胃土雉直時，插木葉頭上出。

昴日雞直時，手撚米穀、茆草方出。
畢月烏直時，手撚亂茆草方出。
觜火猴直時，手撚桃枝，頭插木葉方出。
參水猿直時，手撚菓子，插木葉方出。
井木犴直時，手撚米穀、木葉方出
鬼金羊直時，插竹葉於頭巾上，方出。
柳土獐直時，手撚石頭，插木葉方出。
星日馬直時，盡紙馬鞍，頭上插木葉，方出。
張月鹿直時，口含花，頭上插木葉，方出。
翌火蛇直時，紙盡龍頭，頭上插木葉，手撚亂茆茅方出。
軫水蚓直時，手撚石一塊方出。

隱形呪符載於別本
角星入辰，天地俱臨。逆吾者死，順吾者生。
亢星入癸，晝夜常存。敢有不伏，從吾來降。

氐星入元，天地交精。吾行隨我，不伏便行。
房星太陽，天地開張。敢有不伏，先斬後傷。
心星入卯，東上有靈。從吾敕下，即便降真。
尾星高強，除邪去殃。何神不伏，何鬼敢當。
箕星入庚，寅上隱真。前有強橫，不許用侵。
斗星屬丑，千里亦里。有凶前剪，有福便得。
牛星至靈，天地交氣。何日不伏，何鬼敢當。
女星入斗，福祿皆有。若有邪魅，聞吾即走。
虛星至尊，日夜常輪。星精威來，不得久停。
危星有法，自然盡察。敢有不信，勒令入轄。
室星在乾，日夜常遷。聞吾有敕，富祿便傳。
壁星在堂，天地交泰。從吾有命，即便歸降。
奎星在靈，勅令有真。休門俱出，福祿潛臻。
婁星入兌，遠絕鬼魅。輔吾者生，逆吾者罪。
胃星入土，鳴鑼擊鼓。大則遠退，小則有喜。

昴星光輝，日夜逢加。吾速入訣，不得藏機。
畢星隱形，天地合真。太上有勅，不得必停。
觜星交伏，日夜鬱鬱。聞吾有命，即便入局。
參星至高，大險去豪。敢有不伏，即便赴刀。
井星靈耀，春夏秋冬。我來隱跡，不得不從。
鬼星入丁，日夜從形。順吾者生，逆吾者刑。
柳星至尊，上降社堂。逆吾者死，順吾者昌。
星星至尊，日夜常輪。敢有不伏，即便勅形。
張星在天，真下復元。敢有凶妖，勅下便遷。
翌星在巽，春夏俱高。邪鬼即退，吉利便輪。
軫星在廟，勅下精耀。何神不伏，何鬼敢超。

百里探賊歌

聞報時加直，前尋本日支。子宮當談宿，順數至來時。
金木賊營在，水土退回空。陽戰陰虛詐，火宿勿行師。

謁貴歌

太陽路上喜相逢，金木茶酒遠迎，水火多因不在。
土宿家中怒嗔，太陽家內隱其身。此法無虛已定。
已上二條俱用初禽訣例，番禽倒將不在此數。

二十八宿伏斷凶日所忌

子虛丑斗寅嫌室，婚姻起造皆不吉。
卯女辰箕巳怕房，出行埋葬定遭殃。
午角未張申忌鬼，上官拜命無終始。
酉觜戌胃亥壁傷，人宅移居見死亡。
世人避得此神煞，任爾施為最吉昌。

推六星值日歌　　七殺星

角亢奎婁鬼牛星，出陣行軍多損兵。
在外遠行逢盜賊，縈求財利百無成。

行船必定遭風浪，買賣交易不稱心。
穿井決然難生水，拜職為官損重名。
婚姻仍主生離別，主喪若犯損上靈。
欲知吉凶星辰日，出在天符秘密經。

行兵忌日

行兵切忌四絕凶，為將先須忌此辰。
春逢己卯休爭戰，夏月須防丙午中。
秋逢辛酉兵多忌，壬子原來莫遇冬。
天地尚然憂不測，為人豈敢去爭鋒。
太歲在午人馬吃土，歲在辰巳貨妻賣子，歲在申酉乞蔬得酒。
右此出太乙數筭。

奇門秘覈之禽遁篇終

奇門秘覈之奇門篇

元佚名　撰集
東海寧波李鏘濤　校訂
燕京鄭　同　參訂
東海舟山莊　圓　校閱

遁甲歌

遁甲窮推天地玄，先將節氣定根原。
春從艮起夏當巽，秋過坤宮冬到乾。
二至坎離分逆順，雙分震兌貫三川。
甲己在仲為上局，孟為中局季下元。
上註中宮中進七，下加四位定局例。
乾陽極後陰符前，陽順陰逆理自然。
但向本宮為六儀，六甲由此並相兼。
六儀順則三奇移，六儀逆則三奇連。
一丙丁宮安星奇，地盤一定合天盤。

天盤訣定時元慢，天將六甲入宮纏。
專取旬頭直符使，時干支上定飛遷。
直符直使皆順布，九天九地逆幹旋。
天乙會合主陰私，遇武揚兵保萬全。

坎休蓬　艮生任　震傷衝　巽杜輔　離景英　坤死芮禽　兌驚柱
乾開心

立春在艮上起甲子，立夏在巽上起甲子，立秋在坤上起甲子，立冬在乾上起甲。

青龍華蓋吉方

甲為青龍吉，乙為逢星中，丙為明堂吉，丁為太陰中。
戊為天門吉，已為地戶中，庚為天獄凶，辛為天霆凶。
壬為天牢凶，癸為華蓋吉，十一為孤陽，十二為孤陰。

凡取華蓋大吉，不拘戰鬪、出兵、出行、見官、求財等事，遇此方大勝。若人入人家試，主人不在，得於華蓋方少坐一時，其主即出。或其方有占不便，則以行李身邊所帶之物，置其方則妙。

遁甲下營兵法

夫將兵下營，四出統兵，必有法則。以六甲為首，十時一易員卓。舊有歲月為狀，或依歲月。或取六甲旬首，排布大將居青龍，六甲是也。旗鼓居蓬星，六乙是也。士卒居明堂，六丙是也。伏兵居太陰，六丁是也。軍門居天門，六戊是也。小將居地戶，六己是也。斬罰居天獄，六庚是也。判斷居天霆，六辛是也。囚繫居天牢，六壬是也。府庫糧儲居天藏，六癸是也。

兵家三勝

第一勝天乙宮，謂取天上真符，乘天乙宮，使上將居之，引軍而擊其衝，則百戰百勝。在陽遁，則用天乙直符所居之宮；若在陰遁，則用地下直符所居之宮。

第二勝九天宮，謂陽遁天上真符，後一宮為九天；陰遁天上直符，前一宮為九天。我軍立其上而擊其衝，則敵雖眾莫敢當我之鋒也。
第三勝生門宮，謂生門合三奇之宮，主將引兵從生門而擊死門，則百戰百勝。又曰：皆停停向白奸為一勝，背月建向月破為二勝，背生門向死地為三勝。生神者，正月起子順行十二支。死神者，對干是也。止是停停子日在巳，順行十二支。白奸者，寅午戌在亥，亥卯未在寅，申子辰在巳，巳酉丑在申。又有停停向天門，六戊是也。

五不擊

天乙、直符、直使、九天、九地出門，皆不可擊。
假令用陽遁八局，丙辛日卯時，天乙在二宮，西南乃天上直符擊其衝。九天在九宮正南，生門在三宮正東，九地在四宮東南，直使在八宮東北，已上五宮不可擊之。

遁甲所喜

丙合生門六戊為天遁，乙合開門臨六己為地遁，丁合休門臨太陰為人遁，丙合生門臨九天為神遁，乙合開門臨九天為鬼遁，丁合休門臨坎為龍遁，乙合開休生門臨艮為虎遁，乙合開休生門臨辛為雲遁，乙合開休生門臨乙為風遁。

三奇遊六儀

子旬庚午　戌旬己卯　申旬戊子　午旬丁酉　辰旬丙午　寅旬乙卯

玉女守門

三奇之靈乙丙丁，會開休生三吉門。

三奇得使

乙臨甲申、甲寅，丙臨甲子、甲午，丁臨甲辰、甲戌。

遊三

甲子用丙寅。

避五

甲子忌甲戌。

五宮奇二宮

九天直符，陽遁後一宮，陰遁前一宮。
九地直符，陽遁後二宮，陰遁前二宮。
六合直符，陽遁前三宮，陰遁後三宮。
太陰直符，陽遁前三宮，陰遁後二宮。

逢天門方

子丑寅日丙方，卯辰巳日庚方，午未甲日壬方，酉戌亥日甲方。

地戶方

子丑日乙方，寅日庚方，卯辰日丁方，巳日壬方，午未日辛方，申日甲方。

天馬方

正月在午頗尋陽地，大衝小吉論月將，陰危定門隨月建。

天捕之時

甲己日甲子甲戌時，乙庚日甲申時，丙辛日甲午時，丁壬日甲辰時，戊癸日甲寅時。

六甲之陰　　冬旬丁時　　事尋天上六丁

丁卯名文伯，丁丑名孫，丁亥名文公，丁酉名文卿，丁未名文通，丁巳名巨卿。

又云：急則從神，緩則從門。急不得吉門，直符、九地、太陰而去。緩則從門，門奇會合，吉之言也。

天綱四張，謂天上六癸臨於何方，遁甲所忌。六儀擊刑直符加被之宮門，迫休門臨九宮，生門加一宮，開門加三宮四宮，景門加六七宮。己上吉門被迫也。

五不遇時，謂時干尅令日干也。
太白入熒惑，謂天上丙加地下庚。
熒惑入太白，謂天上庚加地下丙。
天乙格太白，謂天上乙加地下庚。
太白格天乙，謂天上庚加地下乙。
天乙伏宮格，謂天上庚加地下直符宮。
天乙飛宮格，謂天上午加地下庚。
天乙伏干格，謂天上庚加地下午。
天乙飛干格，謂天上直符加地下庚。
刑伏格，謂天上庚加地下己。
刑飛格，謂天上巳加地下庚。
大伏格，謂天上庚加地下癸。
大飛格，謂天上癸加地下庚。
歲月日時勃，謂天上丙加歲月日時干。
歲月日時格，謂天上庚加歲月日時干。

伏吟格，謂子加子。返吟格，子加午。
白虎猖狂，辛加乙。青龍逃走，乙加辛。騰蛇返回，壬加丙。
飛鳥跌穴，丙加壬。朱雀投江，丁加癸。騰蛇夭矯，癸加丁。
伏勃，丙加乙。飛勃，乙加丙。
三奇八墓，謂乙奇臨坤，丙丁奇臨乾。甲乙日未時，丙丁日戌時。

三奇帝星時

若謂三奇問行年，遁甲分明子細傳。
乙丙丁逢天上位，甲戌庚遊地下眠。
若在南方須照北，如居西北照東邊。
一奇若到十五朝，二奇一月福潛消。
三奇四十五日吉，諸惡凶神盡來朝。

五墓論

乙奇屬木不入坤，丙丁屬火不入坎。開門屬金水入坎，休門屬水不入震，生門屬土不入巽。

飛宮掌訣法

二坤立秋，七兌秋分，六乾立冬冬至後陽遁順局，九離夏至，五中一坎冬至，四巽立春，三震春分，八艮立夏夏至後陰遁局。

立春艮上青山色，春爭震上好推詳。
立夏巽宮尋本位，夏至離火望當時。
立秋坤上從頭數，秋分兌上定無移。
立冬但向乾宮取，冬至坎位順飛還。

備急擇時訣　吉曜時法

訣云：年吉不如月吉，月吉不如日吉，日吉不如時吉。如遇急緊不暇擇日，但遁吉時萬事皆吉。今擇去一切凶時，只排定吉時立成定局，庶便擇耳，萬無一失。出《遁甲備覽》。

日	子午	丑未	寅申	卯酉	辰戌	巳亥
福德時	子	寅	辰	午	申	戌
寶光	丑	卯	巳	未	酉	亥
少微	卯	巳	未	酉	亥	丑
鳳筆	午	申	戌	子	寅	辰

呪曰：

斗臨正法，日逐時移。破軍指居，鬼罡即隨。吾往北方，萬無不利。六丁六甲，左右跟隨。八煞將軍，前呼後擁。急急如九天玄女律令。又

四縱五橫，吾今出行。禹王衛道，蚩尤避兵。盜賊不得起，虎狼不得行。還歸故里，當吾者死，背吾者亡。急急如九天玄女律令。又

白虎蹲踞，青龍踴躍。前擁後護，遵古之制。仁德洋溢，太虛廓寥。六乙逢攝，萬祥俱到。急急如九天玄女律令。又

天罡揚威，玄武張勢。熒惑流輝，太白呈瑞。坤光照耀，玉女採曳。六丙來迎，百福並至。急急如九天玄女律令。又

玉女聖神，太陽淵默。華蓋淨覆，我形不惑。我氣浩然，攸遊寰宇。六丁前道，百神來謁。急急如九天玄女律令。

滅沒日　天上凶星不時遊，正七在閑二八收。
三九危建四十執，五十一月向平求。
六十二月除中覓，拜職求官萬事休。

截路空亡是天干帶壬癸字，看值日禽宿。值氐、房、心、虛、室、奎、婁、昴、觜、參、鬼、柳，遇水則截其路，忌行軍出行阻滯，若修造葬埋不忌。

奇門遁甲數

詩曰：
甲子六戊甲辰壬，甲申六庚甲午辛。
甲戌六己甲寅癸，乙丙丁號日月星。

冬至後夏至前，尋天上直符逆行，右方後一位為九天，後二位為九地，後三位為朱雀。天上直符順行，左方前一位為螣蛇，前二位為太陰，前三位為六合也。

冬至後夏至前直符順逆之圖

夏至後冬至前，尋地盤直符順行，左方前一位為九天，前二位為九地，前三位為朱雀。地盤直符逆行，右方後一位為螣蛇，後二位為太陰，後三位為六合也。

夏至後冬至前直符順逆之圖

陽遁直符例	陰遁直符例
直符	直符
螣蛇	九天
太陰	九地
六合	朱雀
勾陳	勾陳
朱雀	六合
九地	太陰
九天	螣蛇

排山掌訣

飛宮掌訣

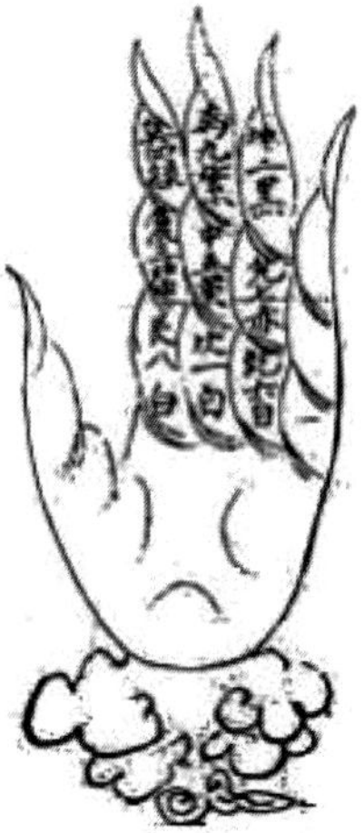

奇門起例歌

一蓬子上一蓬休，芮死推排第二流。
更有衝傷並輔杜，不離三四數為頭。
禽星死五心開六，驚柱常從七上求。
任同生居艮八位，英尋離景九宮修。

陽遁九局歌

冬至京直一七四上中下，小寒二八五上中下同推。

大寒春分三九六，芒種六三九是真。
穀雨小滿五二八，立春八五二相隨。
清明立夏四一七，雨水九六三為則。

陰遁九局歌

夏至白露九三六，小暑八二五重逢。
大暑秋分七一四，立秋二五八流通。
霜降小雪五八二，大雪四七一相同。
處暑排來一四七，立冬寒露六九三。
陽遁陰遁一十八局，九總八門圖式於後。

排山卦圖

乾 立冬　逆飛兌 秋分　逆飛坤 立春　順飛 夏至　逆飛八節二十四氣

巽 立夏　順飛震 春分　順飛坤 立秋　逆飛 冬至　順飛八卦七十二候

飛宮圖

巽 天輔 四 杜門 木 綠 立夏七一四 小滿五二八 芒種六三九	離 天英 九 景門 火 紫 夏至九三六 小暑八二五 大暑七一四	坤 天芮 二 天禽 死門 土 黑 立秋二五八 處暑一四七 白露九三六
震 天衝 三 傷門 木 碧 春分三九六 清明四一七 穀雨五二八	中 天禽 五 土 黃 寄居中宮	兌 天柱 七 驚門 金 赤 秋分七一四 寒露六九三 霜降五八二
艮 天任 八 生門 土 白 立春八五二 雨水九六三 驚蟄一七四	坎 天蓬 一 休門 水 白 冬至一七四 小寒二八五 大寒三九六	乾 天心 六 開門 金 白 立冬六九三 小雪五八二 大雪四七一

奇門秘覈之奇門篇終

奇門秘覈之遁甲篇

元佚名　撰集
東海寧波李鏘濤　校訂
燕京鄭　同　參訂
東海舟山莊　圓　校閱

遁甲總序第一

孔明曰：夫遁者，隱也，幽隱之道。甲者，儀也，謂六甲六儀互為直符，天之貴神也，常隱於六戊之下。蓋取於用兵機微之理，通於神明之德，故以遁甲為名也。

造式法第二

昔黃帝龍圖之命天命也，遣風后演之而為遁甲。造式三層以法三才，上層象天而置九星，中層象人以開八門，下層象地以分八卦，以鎮八方。隨冬夏二至，立陰陽二遁，一順一逆，以布三奇六儀也。奇者，乙丙丁為三奇也。門者，休、生、傷、杜、景、死、驚、開八門是也。六儀，乃地下戊、己、庚、辛、壬、癸也。

九星所直宮第三

孔明曰：天有九星以鎮九宮，地有九地以應九州。其式托以靈龜吐洛書之文，戴九履一，左三右七，二四為肩，六八為足，五在中央。土，火之子，金丹（校註：楊惟德《遁甲符應經》作金之母）所寄，理於西南，坤之位也。

星符每逐時干轉，直使常隨天乙奔。

星者，九星也。直符者，天乙貴神也。直使者，八門也。所謂星符者，盤內九星中一星也。時干，即甲、乙、丙、丁、戊、己、庚、辛、壬、癸也。陽遁逆布三奇，順布六儀。陰遁順布三奇，逆布六儀。天乙者，本甲所主之直使，順則一、二、三、四、五、六、七、八、九是也，逆則九、八、七、六、五、四、三、二、一是也。凡遁甲之法，以所用星符隨時干於奇儀之宮，以所用直使隨天乙而奔於時支所臨之宮。

庚丙加歲月日時符不用

天盤直符在坎一起

甲子戊順行九宮

陽遁壹局

冬至上元

驚蟄上元

清明中元

立夏中元

直符加時　順布六儀

直使加時　逆布三奇

乙加辛丙加庚丁加癸不用

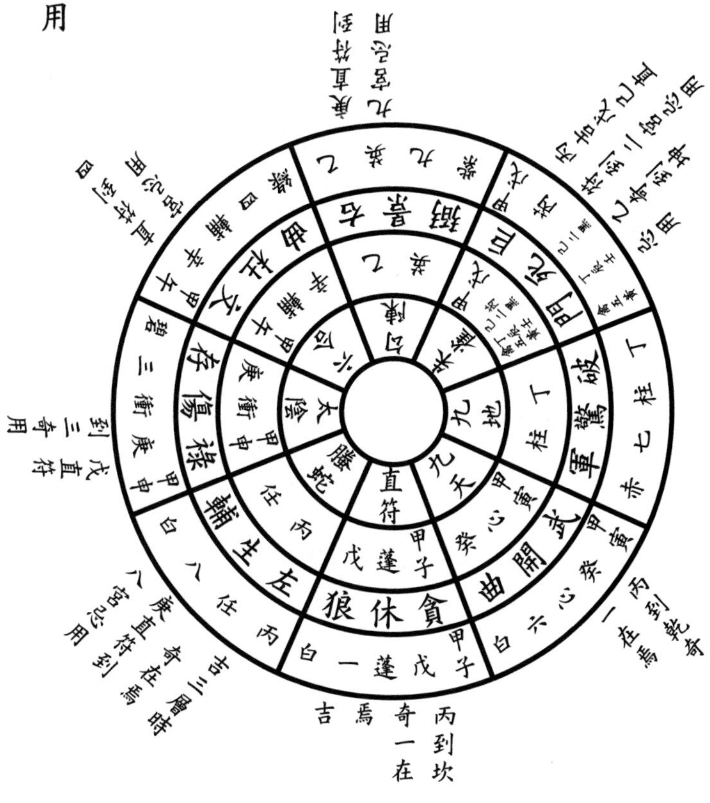

甲己日
甲子芮二死二
戊日忌用
乙丑一三
丙寅九四
丁卯八五
戊辰二六
己巳三七
甲日忌用
庚午四八
辛未五九
壬申六一
癸酉七二
符甲戌衝三傷三
乙亥一四

乙庚日
丙子衝九傷五
庚日忌用
丁丑八六
戊寅二七
己卯三八
庚辰四九
乙日忌用
辛巳五一
壬午六二
癸未七三
符甲申輔四杜四
乙酉一五
丙戌九六
丁亥八七

丙辛日
戊子輔二杜八
己丑三九
庚寅四一
辛卯五二
丙日忌用
壬辰六三
癸巳七四
符甲午禽五死五
乙未一六
丙申九七
辛日忌用
丁酉八八
戊戌二九
己亥三一

丁壬日
庚子禽四死二
辛丑五三
壬寅六四
丁日忌用
癸卯七五
符甲辰心六開六
乙巳一七
丙午九八
丁未八九
壬日忌用
戊申二一
己酉三二
庚戌四三
辛亥五四

戊癸日
壬子心六開五
癸丑七六
戊日忌用
符甲寅柱七驚七
乙卯一八
丙辰九九
丁巳八一
戊午二二
己未三三
庚申四四
辛酉五五
壬戌六六
癸亥七七

庚丙加歲月日時符不用

天盤直符在坤

陽遁貳局

二起甲子戊

小寒上元

立春下元

穀雨中元

小滿中元

乙加辛丙加庚丁加癸不用

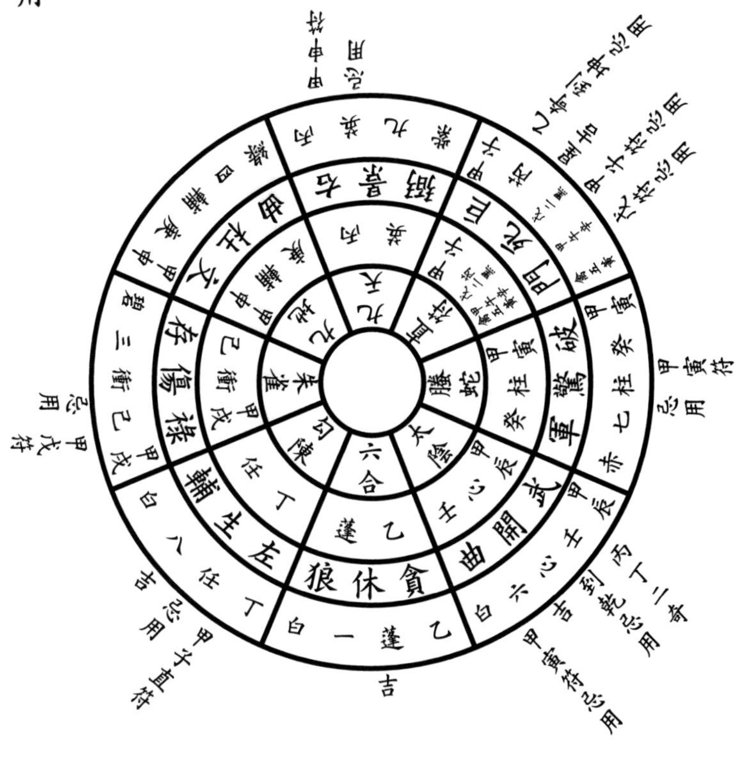

甲己日
甲子衝三傷三
乙丑二四
丙寅一五
丁卯九六
戊辰三七
己巳四八
甲日忌用
庚午五九
辛未六一
壬申七二
癸酉八三
符甲戌輔四杜四
乙亥二五

乙庚日
丙子輔一杜六
庚日忌用
丁丑九七
戊寅三八
己卯四九
庚辰五一
乙日忌用
辛巳六二
壬午七三
癸未八四
符甲申禽五死五
乙酉二六
丙戌一七
丁亥九八

丙辛日
戊子禽三死九
己丑四一
庚寅五二
辛卯六三
丙日忌用
壬辰七四
癸巳八五
符甲午心六開六
乙未二七
丙申一八
辛日忌用
丁酉九九
戊戌三一
己亥四二

丁壬日
庚子心五開三
辛丑六四
壬寅七五
丁日忌用
癸卯八六
符甲辰柱七驚七
乙巳二八
丙午一九
丁未九一
壬日忌用
戊申三二
己酉四三
庚戌五四
辛亥六五

戊癸日
壬子柱七驚六
癸丑八七
戊日忌用
符甲寅任八生八
乙卯二九
丙辰一一
丁巳九二
戊午三三
癸日忌用
己未四四
庚申五五
辛酉六六
壬戌七七
癸亥八八

庚丙加歲月日時符不用
天盤直符震起甲子戊

陽遁叁局

大寒上元
雨水上元
春分上元
芒種中元

乙加辛丙加庚丁加癸不用

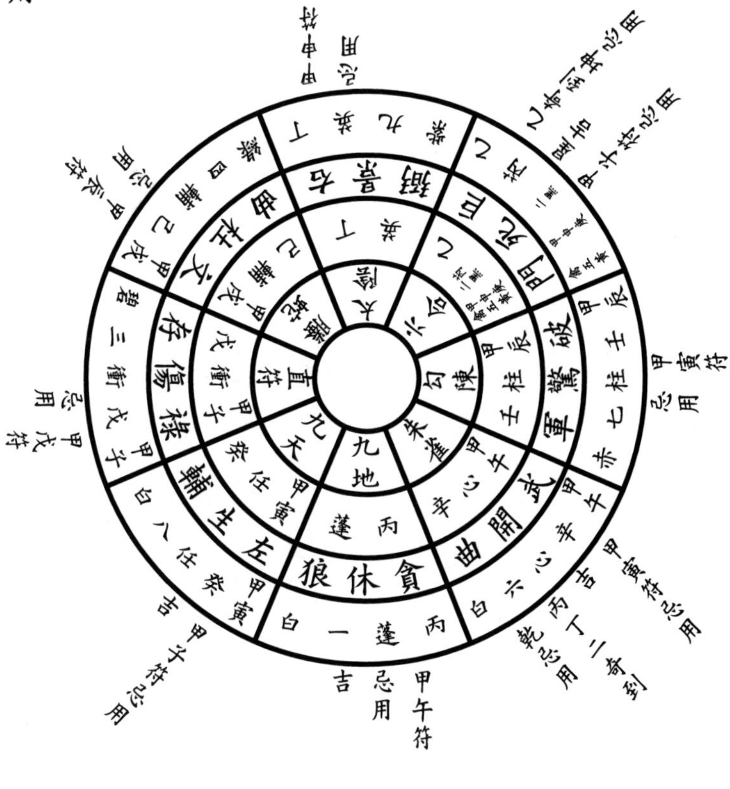

甲己日
甲子輔四杜四
己日忌用
乙丑三五
丙寅二六
丁卯一七
戊辰四八
己巳五九
甲日忌用
庚午六一
辛未七二
壬申八三
癸酉九四
符甲戌禽五死五
乙亥三六

乙庚日
丙子禽二死七
庚日忌用
丁丑一八
戊寅四九
己卯五一
庚辰六二
乙日忌用
辛巳七三
壬午八四
癸未九五
符甲申心六開六
乙酉三七
丙戌二八
丁亥一九

丙辛日
戊子心四開一
己丑五二
庚寅六三
辛卯七四
丙日忌用
壬辰八五
癸巳九六
符甲午柱七驚七
乙未三八
丙申二九
辛日忌用
丁酉一一
戊戌四二
己亥五三

丁壬日
庚子柱六驚四
辛丑七五
壬寅八六
丁日忌用
癸卯九七
符甲辰任八生八
乙巳三九
丙午二一
丁未一二
壬日忌用
戊申四三
己酉五四
庚戌六五
辛亥七六

戊癸日
壬子任八生七
癸丑九八
戊日忌用
符甲寅英九景九
乙卯三一
丙辰二二
丁巳一三
戊午四四
癸日忌用
己未五五
庚申六六
辛酉七七
壬戌八八
癸亥九九

庚丙加歲月日時符不用

天盤直符巽

四起甲子戊

陽遁肆局

冬至下元

驚蟄下元

清明上元

立夏上元

乙加辛丙加庚丁加癸不用

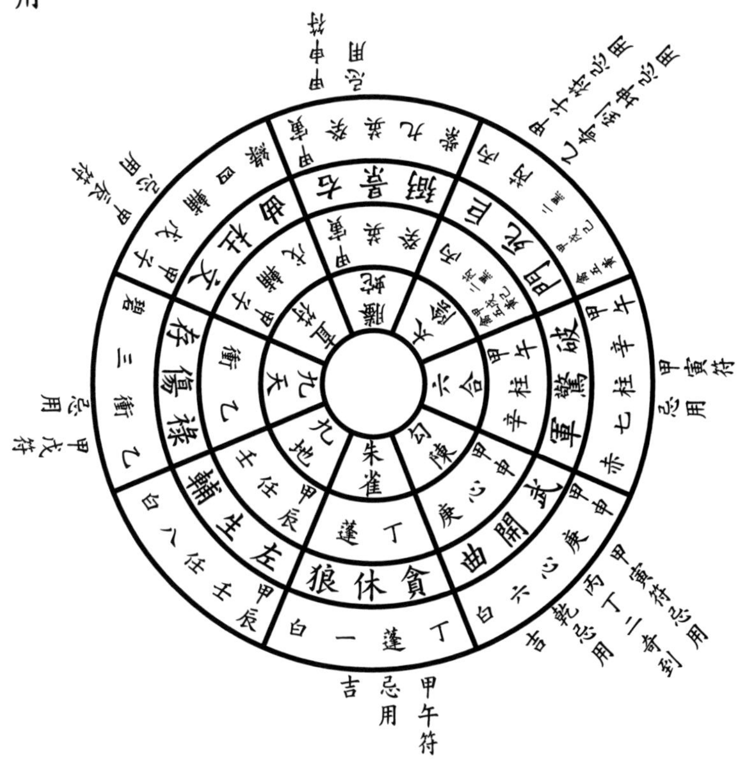

甲己日
甲子禽五死五
乙丑四六
丙寅三七
丁卯二八
戊辰五九
己巳六一
甲日忌用
庚午七二
辛未八三
壬申九四
癸酉一五
符甲戌心六開六
乙亥四七

乙庚日
庚日忌用
丙子心三開八
丁丑二九
戊寅五一
己卯六二
庚辰七三
乙日忌用
辛巳八四
壬午九五
癸未一六
符甲申柱七驚七
乙酉四八
丙戌三九
丁亥二一

丙辛日
戊子柱五驚二
己丑六三
庚寅七四
辛卯八五
丙日忌用
壬辰九六
癸巳一七
符甲午任八生八
乙未四九
丙申三一
辛日忌用
丁酉二二
戊戌五三
己亥六四

丁壬日
庚子任七生五
辛丑八六
壬寅九七
丁日忌用
癸卯一八
符甲辰英九景九
乙巳四一
丙午三二
丁未二三
壬日忌用
戊申五四
己酉六五
庚戌七六
辛亥八七

戊癸日
壬子英九景八
癸丑一九
戊日忌用
符甲寅蓬一休一
乙卯四二
丙辰三三
丁巳二四
戊午五五
癸日忌用
己未六六
庚申七七
辛酉八八
壬戌九九
癸亥一一

庚丙加歲月日時符不用

天盤直符坤

二起甲子戊

陽遁伍局

小寒下元

立春中元

穀雨上元

小滿上元

乙加辛丙加庚丁加癸不用

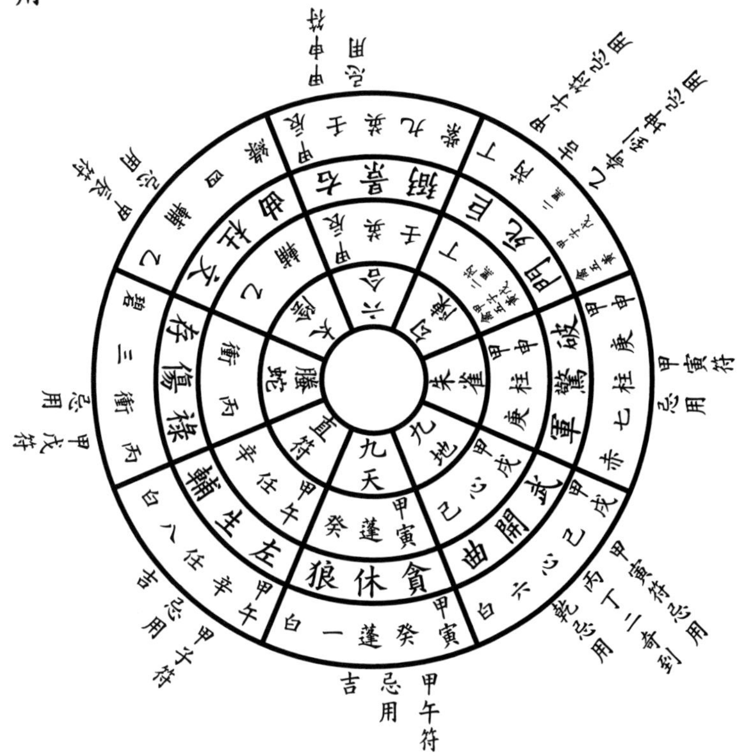

甲己日
甲子心六開六
乙丑五七
丙寅四八
丁卯三九
戊辰六一
己巳七二
甲日忌用
庚午八三
辛未九四
壬申一五
癸酉二六
符甲戌柱七驚七
乙亥五八

乙庚日
丙子柱四驚九
庚日忌用
丁丑三一
戊寅六二
己卯七三
庚辰八四
乙日忌用
辛巳九五
壬午一六
癸未二七
符甲申任八生八
乙酉五九
丙戌四一
丁亥三二

丙辛日
戊子任六生三
己丑七四
庚寅八五
辛卯九六
丙日忌用
壬辰一七
癸巳二八
符甲午英九景九
乙未五一
丙申四二
辛日忌用
丁酉三三
戊戌六四
己亥七五

丁壬日
庚子英八景六
辛丑九七
壬寅一八
癸卯二九
符甲辰蓬一休一
乙巳五二
丙午四三
丁未三四
壬日忌用
戊申六五
己酉七六
庚戌八七
辛亥九八

戊癸日
壬子蓬一休九
癸丑二一
戊日忌用
符甲寅芮二死二
乙卯五三
丙辰四四
丁巳三五
戊午六六
癸日忌用
己未七七
庚申八八
辛酉九九
壬戌一一
癸亥二二

庚丙加歲月日時符不用

天盤直符乾

六起甲子戊

陽遁陸局

大寒下元

雨水中元

春分下元

芒種上元

乙加辛丙加庚丁加癸不用

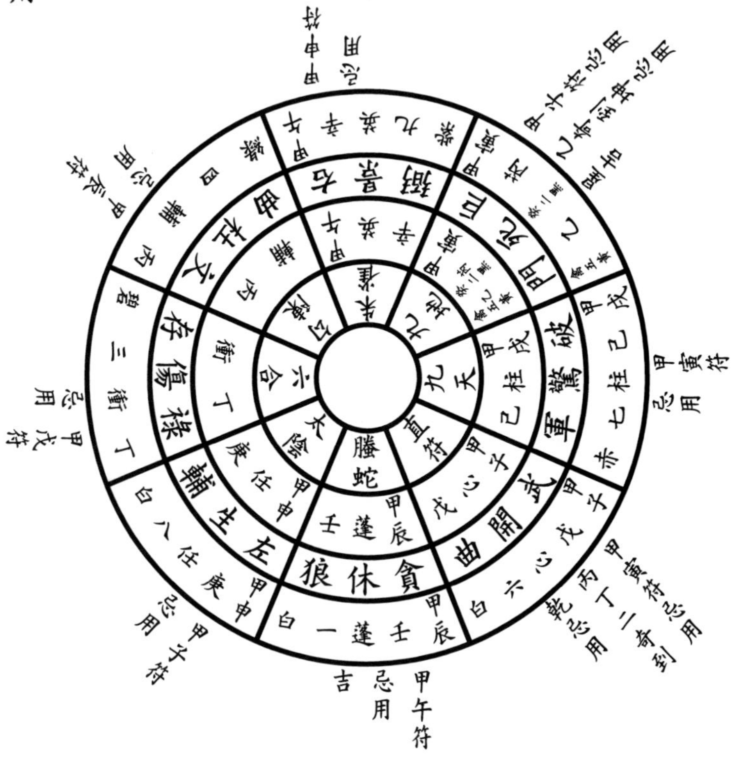

甲己日
甲子柱七驚七
乙丑六八
丙寅五九
丁卯四一
戊辰七二
己巳八三
庚午九四
辛未一五
壬申二六
癸酉三七
符甲戌任八生八
乙亥六九

乙庚日
丙子任五生一
丁丑四二
戊寅七三
己卯八四
庚辰九五
辛巳一六
壬午二七
癸未三八
符甲申英九景九
乙酉六一
丙戌五二
丁亥四三

丙辛日
戊子英七景四
己丑八五
庚寅九六
辛卯一七
壬辰二八
癸巳三九
符甲午蓬一休一
乙未六二
丙申五三
丁酉四四
戊戌七五
己亥八六

丁壬日
庚子蓬九休七
辛丑一八
壬寅二九
癸卯三一
符甲辰芮二死二
乙巳六三
丙午五四
丁未四五
戊申七六
己酉八七
庚戌九八
辛亥一九

戊癸日
壬子芮二死一
癸丑三二
符甲寅衝三傷三
乙卯六四
丙辰五五
丁巳四六
戊午七七
己未八八
庚申九九
辛酉一一
壬戌二二
癸亥三三

庚丙加歲月日時符不用

天盤直符兌

七起甲子戊

陽遁柒局

冬至中元

驚蟄中元

清明下元

立夏下元

乙加辛丙加庚丁加癸不用

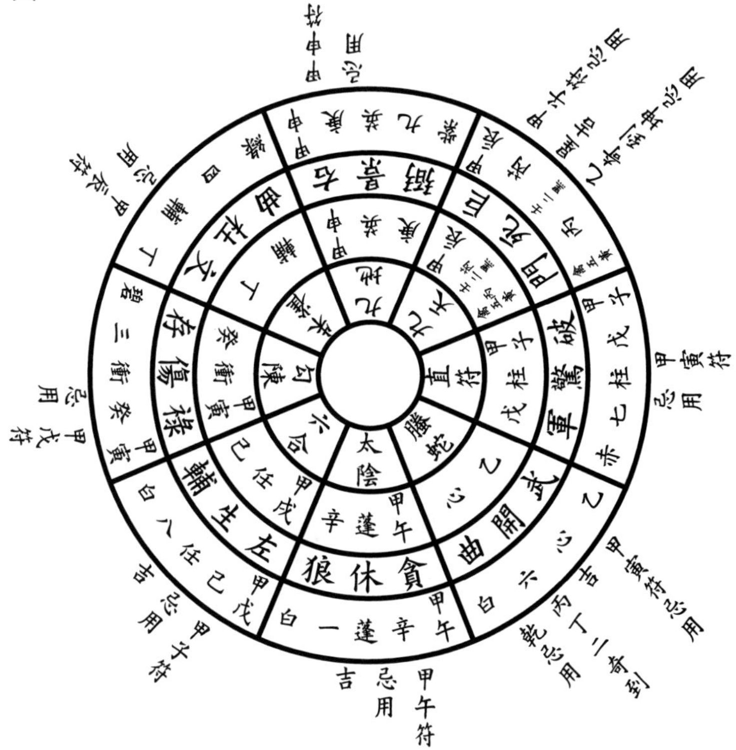

甲己日
甲子任八生八
己日忌用
乙丑七九
丙寅六一
丁卯五二
戊辰八三
己巳九四
庚午一五
辛未二六
壬申三七
癸酉四八
符甲戌英九景九
乙亥七一

乙庚日
丙子英六景二
丁丑五三
戊寅八四
己卯九五
庚辰一六
辛巳二七
壬午三八
癸未四九
符甲申蓬一休一
乙酉七二
丙戌六三
丁亥五四

丙辛日
戊子蓬八休五
己丑九六
庚寅一七
辛卯二八
丙日忌用
壬辰三九
癸巳四一
符甲午芮二死二
乙未七三
丙申六四
辛日忌用
丁酉五五
戊戌八六
己亥九七

丁壬日
庚子芮一死八
辛丑二九
壬寅三一
丁日忌用
癸卯四二
符甲辰衝三傷三
乙巳七四
丙午六五
丁未五六
戊申八七
己酉九八
庚戌一九
辛亥二一

戊癸日
壬子衝三傷二
癸丑四三
符甲寅輔四杜四
乙卯七五
丙辰六六
丁巳五七
戊午八八
己未九九
庚申一一
辛酉二二
壬戌三三
癸亥四四

庚丙加歲月日時符不用

天盤直符艮

八起甲子戊

陽遁捌局

小寒中元

立春上元

穀雨下元

小滿下元

乙加辛丙加庚丁加癸不用

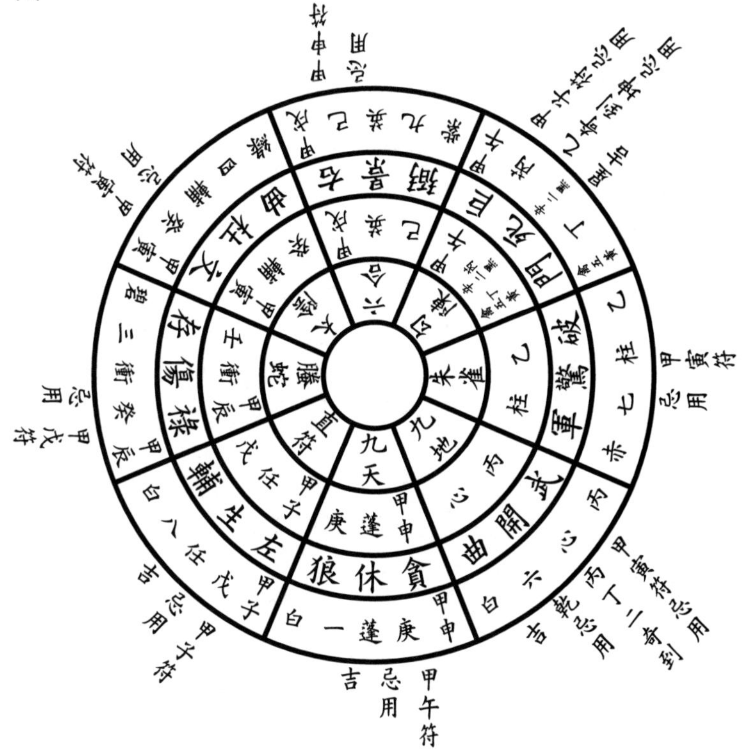

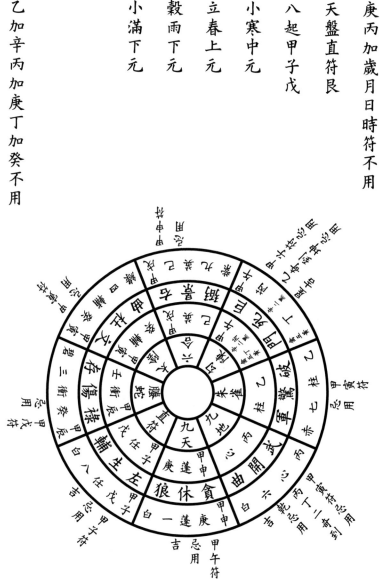

甲己日
甲子英九景九
己日忌用
乙丑八一
丙寅七二
丁卯六三
戊辰九四
己巳一五
庚午二六
甲日忌用
辛未三七
壬申四八
癸酉五九
符甲戌蓬一休一
乙亥八二

乙庚日
丙子蓬七休三
庚日忌用
丁丑六四
戊寅九五
己卯一六
庚辰二七
辛巳三八
壬午四九
癸未五一
符甲申芮二死二
乙酉八三
丙戌七四
丁亥六五

丙辛日
戊子芮九死六
己丑一七
庚寅二八
辛卯三九
丙日忌用
壬辰四一
癸巳五二
符甲午衝三傷三
乙未八四
丙申七五
丁酉六六
辛日忌用
戊戌九七
己亥一八

丁壬日
庚子衝二傷九
辛丑三一
壬寅四二
癸卯五三
丁日忌用
符甲辰輔四杜四
乙巳八五
丙午七六
丁未六七
戊申九八
壬日忌用
己酉一九
庚戌二一
辛亥三二

戊癸日
壬子輔四杜三
癸丑五四
戊日忌用
符甲寅禽五死五
乙卯八六
丙辰七七
丁巳六八
戊午九九
癸日忌用
己未一一
庚申二二
辛酉三三
壬戌四四
癸亥五五

庚丙加歲月日時符不用

天盤直符離

九起甲子戊

陽遁玖局

大寒中元

雨水上元

春分中元

芒種下元

乙加辛丙加庚丁加癸不用

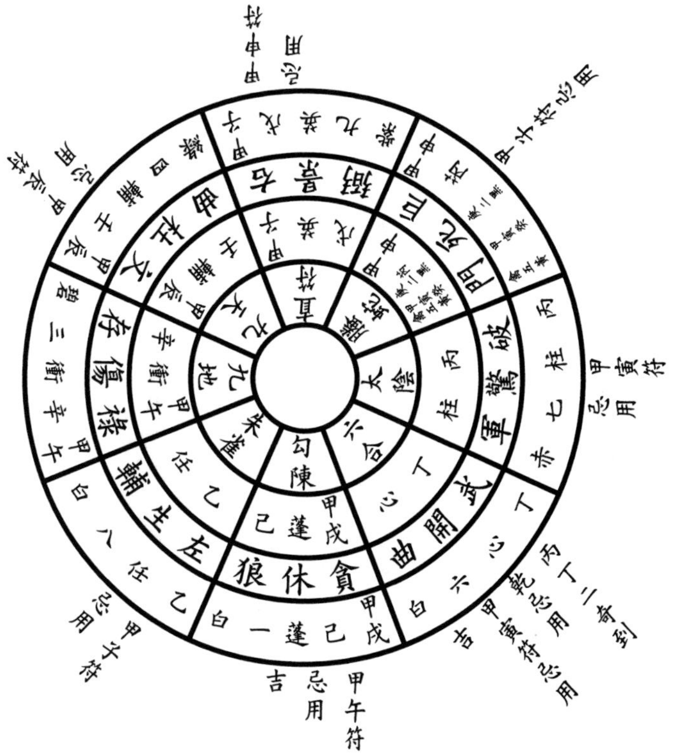

甲己日
甲子英九景九
己日忌用
乙丑一八
丙寅二七
丁卯三六
戊辰九五
己巳八四
甲日忌用
庚午七三
辛未六二
壬申五一
癸酉四九
符甲戌任八生八
乙亥一七

乙庚日
庚日忌用
丙子任二生六
丁丑三五
戊寅九四
己卯八三
庚辰七二
乙日忌用
辛巳六一
壬午五九
癸未四八
符甲申柱七驚七
乙酉一六
丙戌二五
丁亥三四

丙辛日
戊子柱九驚三
己丑八二
庚寅七一
辛卯六九
丙日忌用
壬辰五八
癸巳四七
符甲午心六開六
乙未一五
丙申二四
辛日忌用
丁酉三三
戊戌九二
己亥八一

丁壬日
庚子心七開九
辛丑六八
壬寅五七
丁日忌用
癸卯四六
符甲辰禽五死五
乙巳一四
丙午二三
丁未三二
壬日忌用
戊申九一
己酉八九
庚戌七八
辛亥六七

戊癸日
壬子禽五死六
癸丑四五
戊日忌用
符甲寅輔四杜四
乙卯一三
丙辰二二
丁巳三一
戊午九九
癸日忌用
己未八八
庚申七七
辛酉六六
壬戌五五
癸亥四四

庚丙加歲月日時符不用

天盤直符在離

九起甲子戊

陰遁玖局

夏至上元

白露上元

寒露中元

立冬中元

乙加辛丙加庚丁加癸不用

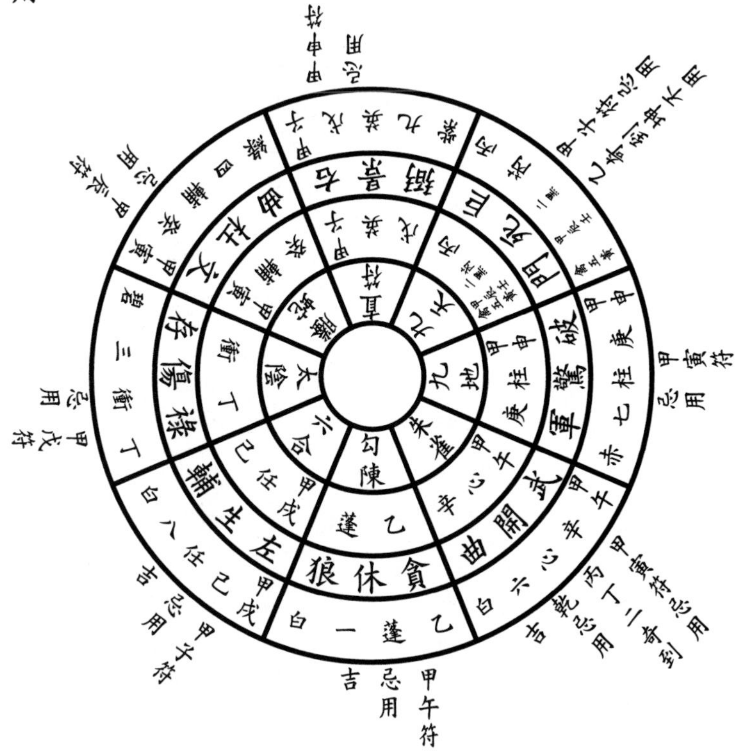

甲己日
甲子任八生八
己日忌用
乙丑九七
丙寅一六
丁卯二五
戊辰八四
己巳七三
甲日忌用
庚午六二
辛未五一
壬申四九
癸酉三八
符甲戌柱七驚七
乙亥九六

乙庚日
庚日忌用
丙子柱一驚五
丁丑二四
戊寅八三
己卯七二
庚辰六一
辛巳五九
壬午四八
癸未三七
符甲申心六開六
乙酉九五
丙戌一四
丁亥二三

丙辛日
戊子心八開二
己丑七一
庚寅六九
辛卯五八
丙日忌用
壬辰四七
癸巳三六
符甲午禽五死五
乙未九四
丙申一三
辛日忌用
丁酉二二
戊戌八一
己亥七九

丁壬日
庚子禽六死八
辛丑五七
壬寅四六
癸卯三五
符甲辰輔四杜四
乙巳九三
丙午一二
丁未二一
壬日忌用
戊申八九
己酉七八
庚戌六七
辛亥五六

戊癸日
壬子輔四杜四
癸丑三四
戊日忌用
符甲寅中三傷三
乙卯九二
丙辰一一
丁巳二九
戊午八八
己未七七
庚申六六
辛酉五五
壬戌四四
癸亥三三

庚丙加歲月日時符不用

天盤直符在艮

八起甲子戊

小暑上元

立秋下元

霜降中元

小雪中元

陰遁捌局

乙加辛丙加庚丁加癸不用

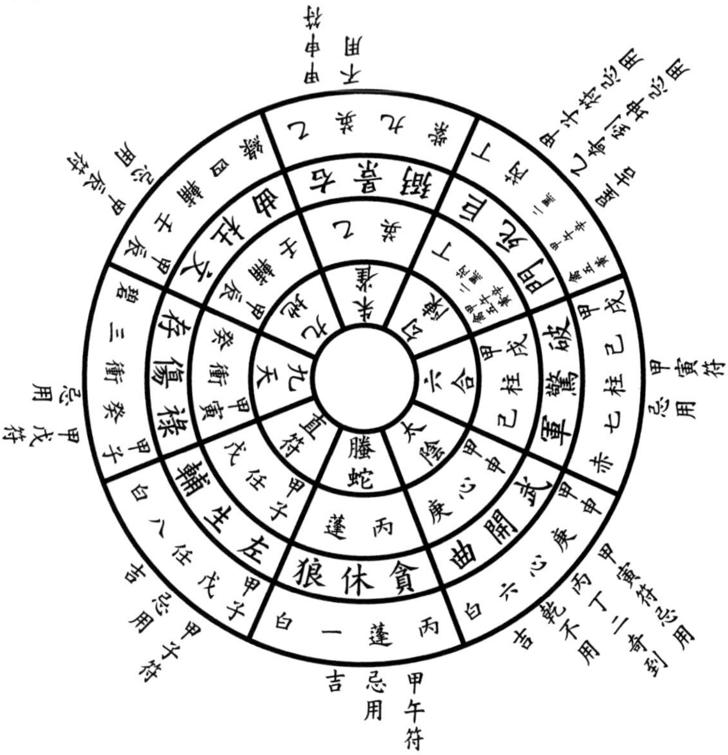

甲己日
甲子柱七驚七
乙丑八六（己日忌用）
丙寅九五
丁卯一四
戊辰七三（甲日忌用）
己巳六二
庚午五一
辛未四九
壬申三八
癸酉二七
符甲戌心六開六
乙亥八五

乙庚日
丙子心九開四
丁丑一三
戊寅七二
己卯六一
庚辰五九
辛巳四八
壬午三七
癸未二六
符甲申禽五死五
乙酉八四
丙戌九三
丁亥一二

丙辛日
戊子禽七死一
己丑六九
庚寅五八
辛卯四七
壬辰三六
癸巳二五
符甲午輔四杜四
乙未八三
丙申九二
丁酉一一
戊戌七九
己亥六八

丁壬日
庚子輔五杜七
辛丑四六
壬寅三五
癸卯二四
符甲辰衝三傷三
乙巳八二
丙午九一
丁未一九
戊申七八
己酉六七
庚戌五六
辛亥四五

戊癸日
壬子衝三傷三
癸丑二三
符甲寅禽二死二
乙卯八一
丙辰九九
丁巳一八
戊午七七
己未六六
庚申五五
辛酉四四
壬戌三三
癸亥二二

庚丙加歲月日時符不用

天盤直符在兌

七起甲子戊

陰遁柒局

大暑上元

處暑下元

秋分上元

大雪中元

乙加辛丙加庚丁加癸不用

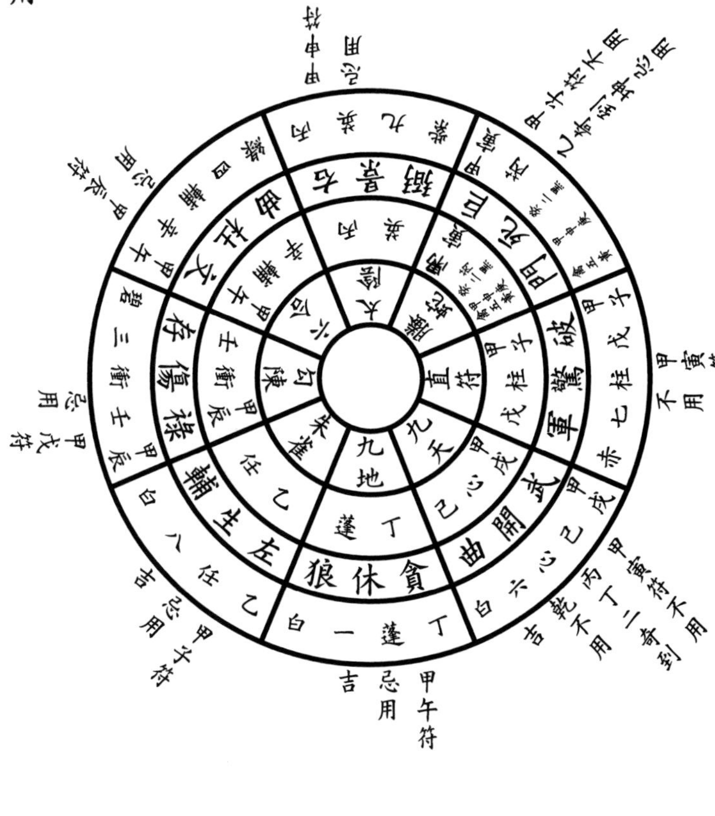

甲己日
甲子心六開六
乙丑七五
丙寅八四
丁卯九三
戊辰六二
己巳五一
庚午四九
辛未三八
壬申二七
癸酉一六
符甲戌禽五死五
乙亥七四

乙庚日
丙子禽八死三
丁丑九二
戊寅六一
己卯五九
庚辰四八
辛巳三七
壬午二六
癸未一五
符甲申輔四杜四
乙酉七三
丙戌八二
丁亥九一

丙辛日
戊子輔六杜九
己丑五八
庚寅四七
辛卯三六
壬辰二五
癸巳一四
符甲午衝三傷三
乙未七二
丙申八一
丁酉九九
戊戌六八
己亥五七

丁壬日
庚子衝四傷六
辛丑三五
壬寅二四
癸卯一三
符甲辰芮二死二
乙巳七一
丙午八九
丁未九八
戊申六七
己酉五六
庚戌四五
辛亥三四

戊癸日
壬子芮二死二
癸丑一二
符甲寅蓬一休一
乙卯七九
丙辰八八
丁巳九七
戊午六六
己未五五
庚申四四
辛酉三三
壬戌二二
癸亥一一

庚丙加歲月日時符不用

天盤直符在乾

陰遁陸局

六起甲子戊

夏至下元

白露下元

寒露上元

立冬上元

乙加辛丙加庚丁加癸不用

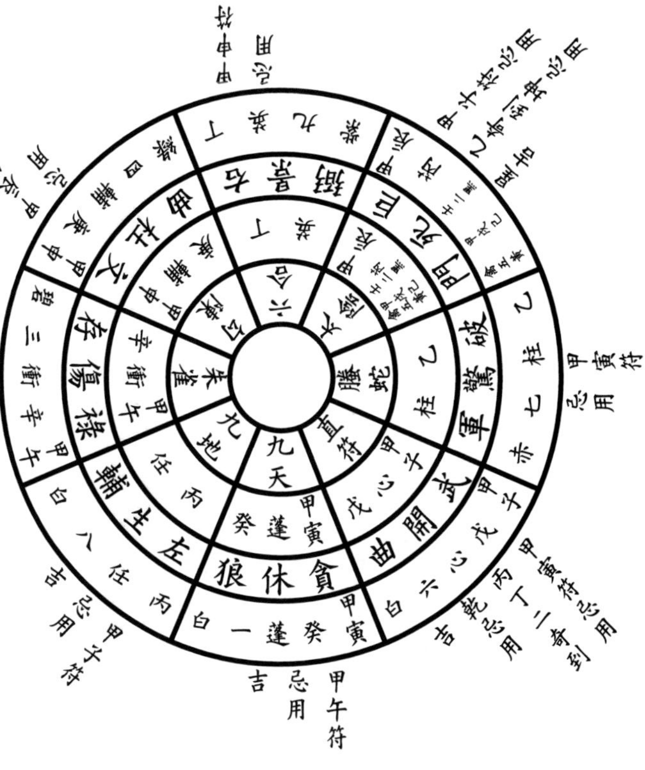

甲己日
甲子禽五死五
乙丑六四
丙寅七三
丁卯八二
戊辰九一
己巳四九
庚午三八
辛未二七
壬申一六
癸酉九五
符甲戌輔四杜四
乙亥六三

乙庚日
丙子輔七杜二
丁丑八一
戊寅五九
己卯四八
庚辰三七
辛巳二六
壬午一五
癸未九四
符甲申衝三傷三
乙酉六二
丙戌七一
丁亥八九

丙辛日
戊子衝五傷八
己丑四七
庚寅三六
辛卯二五
壬辰一四
癸巳九三
符甲午芮二死二
乙未六一
丙申七九
丁酉八八
戊戌五七
己亥四六

丁壬日
庚子芮二死二
辛丑二四
壬寅一三
癸卯九二
符甲辰蓬一休一
乙巳六九
丙午七八
丁未八七
戊申五六
己酉四五
庚戌三四
辛亥二三

戊癸日
壬子蓬一休一
癸丑九一
符甲寅英九景九
乙卯六八
丙辰七七
丁巳八六
戊午五五
己未四四
庚申三三
辛酉二二
壬戌一一
癸亥九九

庚丙加歲月日時符不用

天盤直符在坤

二起甲子戊

陰遁伍局

小暑下元

立秋中元

霜降上元

小雪上元

乙加辛丙加庚丁加癸不用

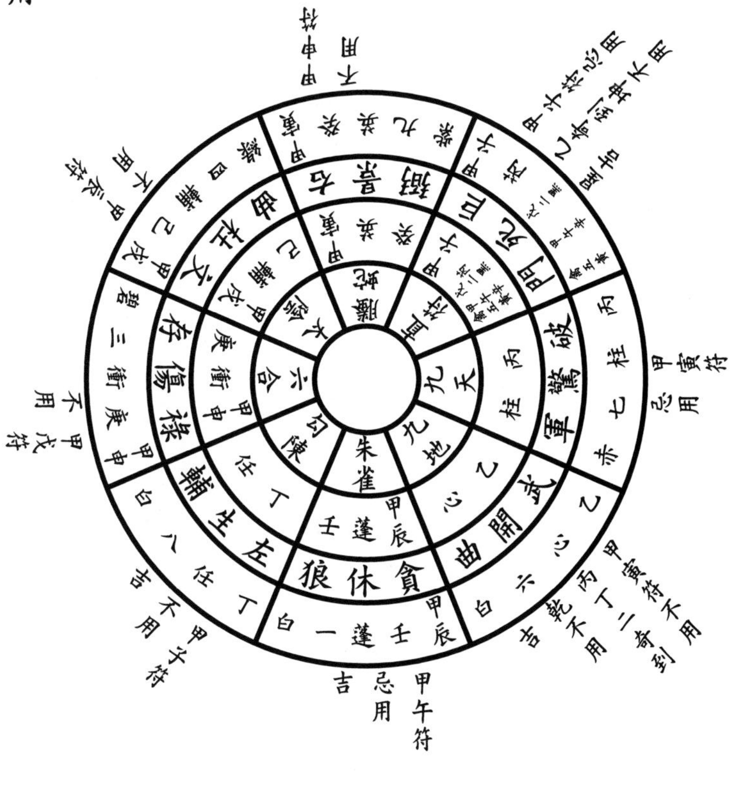

甲己日
甲子輔四杜四
乙丑五三
丙寅六二
丁卯七一
戊辰四九
己巳三八
庚午二七
辛未一六
壬申九五
癸酉八四
符甲戌衝三傷三
乙亥五二

乙庚日
丙子衝三傷三
丁丑七九
戊寅四八
己卯三七
庚辰二六
辛巳一五
壬午九四
癸未八三
符甲申芮二死二
乙酉五一
丙戌六九
丁亥七八

丙辛日
戊子芮四死七
己丑三六
庚寅二五
辛卯一四
壬辰九三
癸巳八二
符甲午蓬一休一
乙未五九
丙申六八
丁酉七七
戊戌四六
己亥三五

丁壬日
庚子蓬二休四
辛丑一三
壬寅九二
癸卯八一
符甲辰英九景九
乙巳五八
丙午六七
丁未七六
戊申四五
己酉三四
庚戌二三
辛亥一二

戊癸日
壬子英九景一
癸丑八九
符甲寅任八生八
乙卯五七
丙辰六六
丁巳七五
戊午四四
己未三三
庚申二二
辛酉一一
壬戌九九
癸亥八八

庚丙加歲月日時符不用

天盤直符在巽

四起甲子戊

陰遁肆局

大暑下元

處暑中元

秋分下元

大雪上元

乙加辛丙加庚丁加癸不用

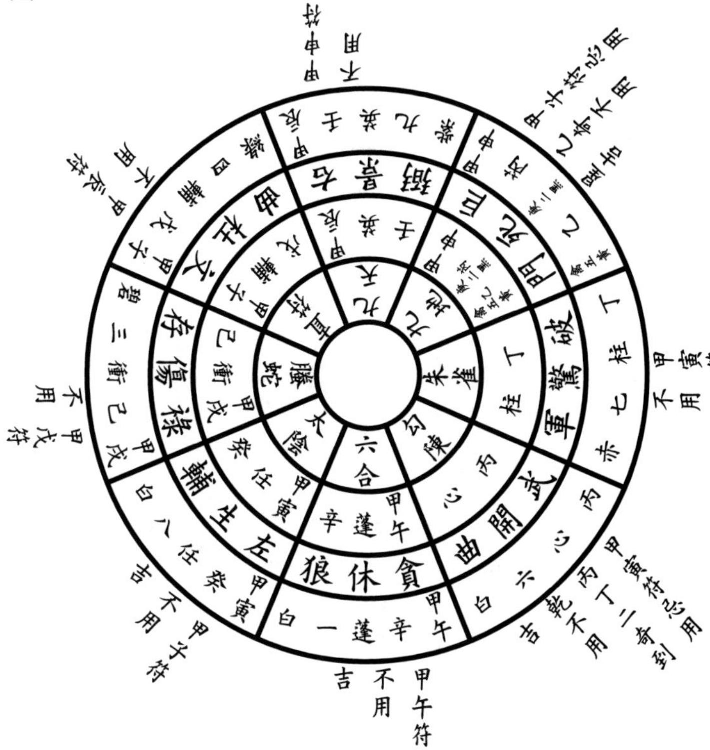

甲己日

甲子衝三傷三
乙丑四二
丙寅五一
丁卯六九
戊辰三八
己巳二七
庚午一六
辛未九五
壬申八四
癸酉七三
符甲戌芮二死二
乙亥四一

乙庚日

丙子芮五死九
丁丑六八
戊寅三七
己卯二六
庚辰一五
辛巳九四
壬午八三
癸未七二
符甲申蓬一休一
乙酉四九
丙戌五八
丁亥六七

丙辛日

戊子蓬三休六
己丑二五
庚寅一四
辛卯九三
壬辰八二
癸巳七一
符甲午英九景九
乙未四八
丙申五七
丁酉六六
戊戌三五
己亥二四

丁壬日

庚子英一景三
辛丑九二
壬寅八一
癸卯七九
符甲辰任八生八
乙巳四七
丙午五六
丁未六五
戊申三四
己酉二三
庚戌一二
辛亥九一

戊癸日

壬子任八生九
癸丑七八
符甲寅柱七驚七
乙卯四六
丙辰五五
丁巳六四
戊午三三
己未二二
庚申一一
辛酉九九
壬戌八八
癸亥七七

庚丙加歲月日時符不用

天盤直符在震

三起甲子戊

夏至中元

白露中元

寒露下元

立冬下元

陰遁叁局

乙加辛丙加庚丁加癸不用

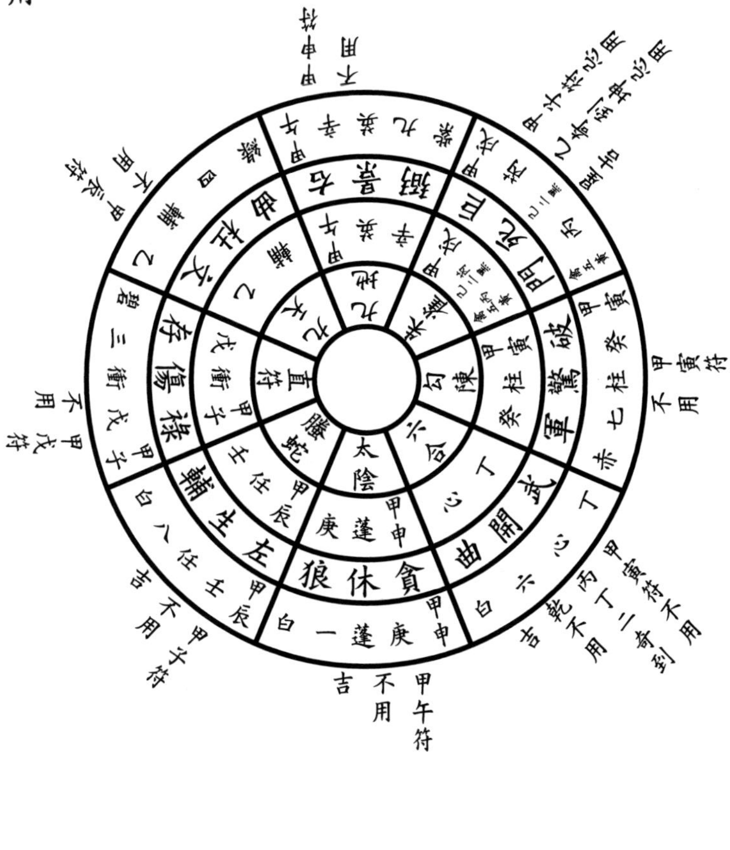

甲己日
甲子 芮二死二
乙丑三一
丙寅四九
丁卯五八
戊辰二七
己巳一六
庚午九五
辛未八四
壬申七三
癸酉六二
符甲戌 蓬一休一
乙亥三九

乙庚日
丙子 蓬四休八
丁丑五七
戊寅二六
己卯一五
庚辰九四
辛巳八三
壬午七二
癸未六一
符甲申 英九景九
乙酉三八
丙戌四七
丁亥五六

丙辛日
戊子 英二景五
己丑一四
庚寅九三
辛卯八二
壬辰七一
癸巳六九
符甲午 任八生八
乙未三七
丙申四六
丁酉五五
戊戌二四
己亥一三

丁壬日
庚子 任九生二
辛丑八一
壬寅七九
癸卯六八
符甲辰 柱七驚七
乙巳三六
丙午四五
丁未五四
戊申二三
己酉一二
庚戌九一
辛亥八九

戊癸日
壬子 柱七驚八
癸丑六七
符甲寅 心二開六
乙卯三五
丙辰四四
丁巳五三
戊午二二
己未一一
庚申九九
辛酉八八
壬戌七七
癸亥六六

庚丙加歲月日時符不用

天盤直符在坤

二起甲子戊

陰遁貳局

小暑中元

立秋上元

霜降下元

小雪下元

乙加辛丙加庚丁加癸不用

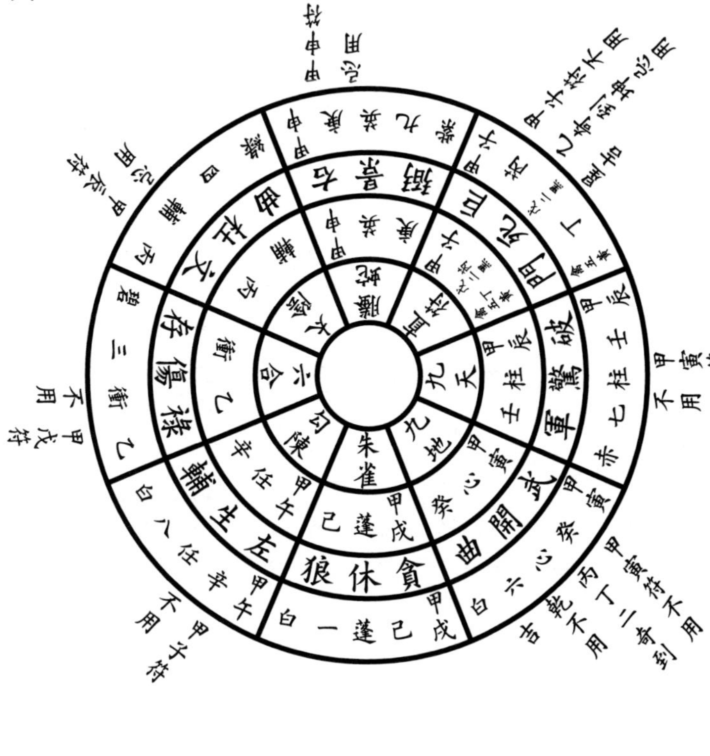

甲己日
甲子蓬一休一
乙丑二九
丙寅三八
丁卯四七
戊辰一六
己巳九五
庚午八四
辛未七三
壬申六二
癸酉五一
符甲戌英九景九
乙亥二八

乙庚日
丙子英三景七
丁丑四六
戊寅一五
己卯九四
庚辰八三
辛巳七二
壬午六一
癸未五九
符甲申任八生八
乙酉二七
丙戌三六
丁亥四五

丙辛日
戊子任一生四
己丑九三
庚寅八二
辛卯七一
壬辰六九
癸巳五八
符甲午柱七驚七
乙未二六
丙申三五
丁酉四四
戊戌一三
己亥九二

丁壬日
庚子柱八驚一
辛丑七九
壬寅六八
癸卯五七
符甲辰心六開六
乙巳二五
丙午三四
丁未四三
戊申一二
己酉九一
庚戌八九
辛亥七八

戊癸日
壬子心一開七
癸丑五六
符甲寅禽五死五
乙卯二四
丙辰三三
丁巳四二
戊午一一
己未九九
庚申八八
辛酉七七
壬戌六六
癸亥五五

庚丙加歲月日時符不用

天盤直符在坎

一起甲子戊

陰遁壹局

大暑中元

處暑上元

秋分中元

大雪下元

乙加辛丙加庚丁加癸不用

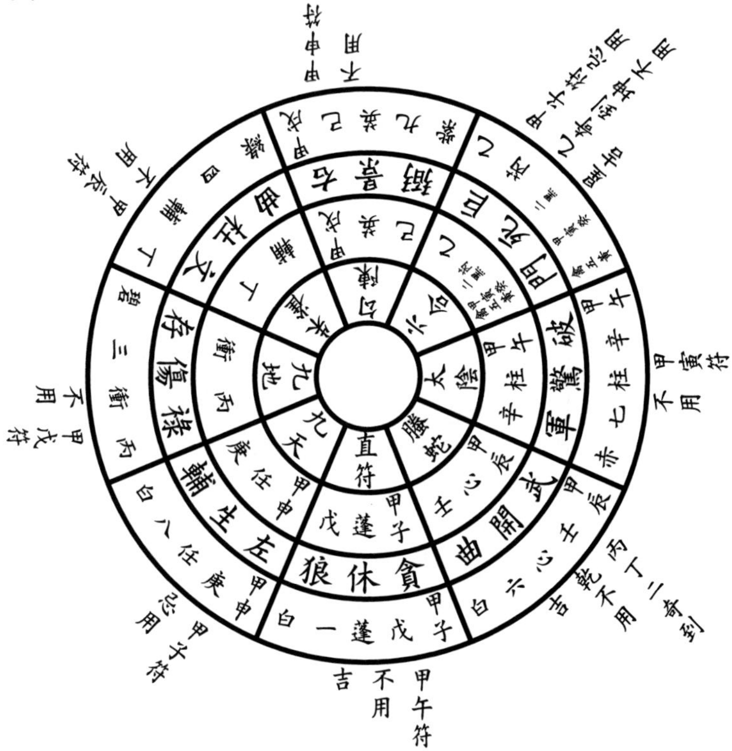

天干合
甲○　乙●　丙○　丁●　戊○
己●　庚○　辛●　壬○　癸●

地支衝
子○　丑●　寅○　卯●　辰○　巳●
午○　未●　申○　酉●　戌○　亥●

前　一○　二●　三○　四●　五○
　　水　　火　　木　　金　　土
後　六●　七○　八●　九○　十●

以前之一陽配後之六陰，故曰天一生水，地六成水也云云。

子午卯酉為四敗之地
辰戌丑未為四庫
寅申巳亥為四馬

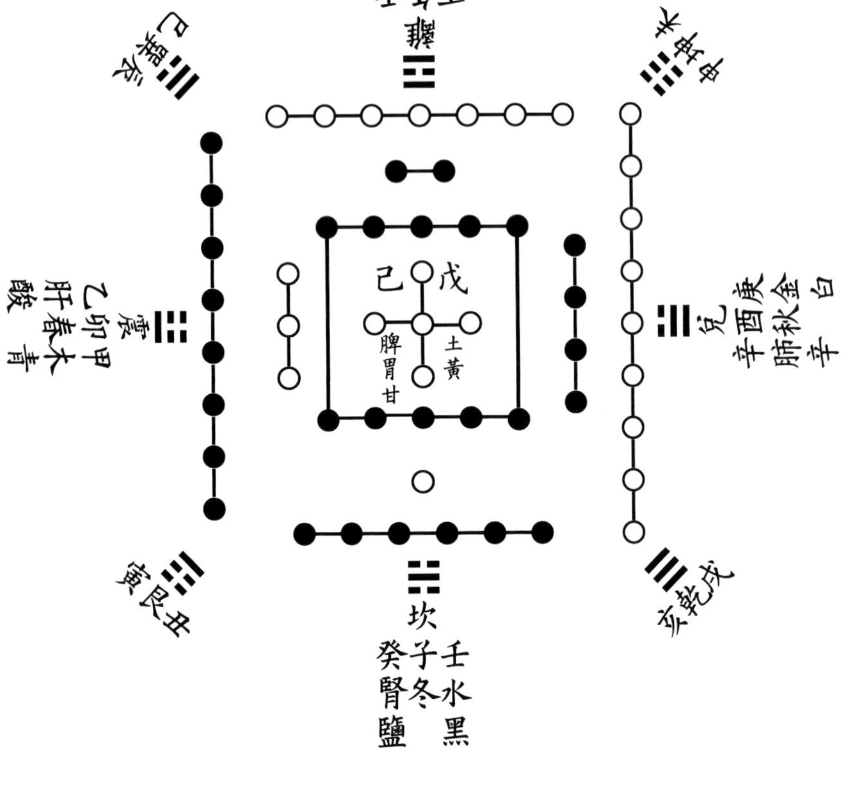

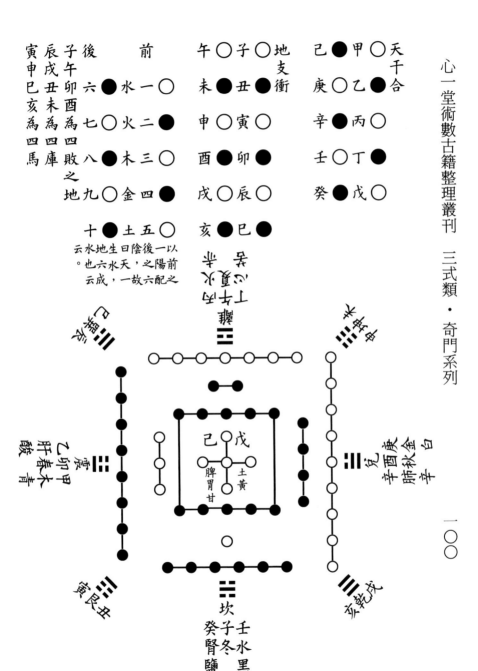

上局　甲子　乙丑金　丙寅　丁卯火　戊辰

中局　己巳木　庚午　辛未土　壬申　癸酉金

下局　甲戌　乙亥火　丙子　丁丑水　戊寅

上局　己卯土　庚辰　辛巳金　壬午　癸未木

中局　甲申　乙酉水　丙戌　丁亥土　戊子

下局　己丑火　庚寅　辛卯木　壬辰　癸巳水

上局　甲午　乙未金　丙申　丁酉火　戊戌

中局　己亥木　庚子　辛丑土　壬寅　癸卯金

下局　甲辰　乙巳火　丙午　丁未水　戊申

上局　己酉土　庚戌　辛亥金　壬子　癸丑木

中局　甲寅　乙卯水　丙辰　丁巳土　戊午

下局　己未火　庚申　辛酉木　壬戌　癸亥水

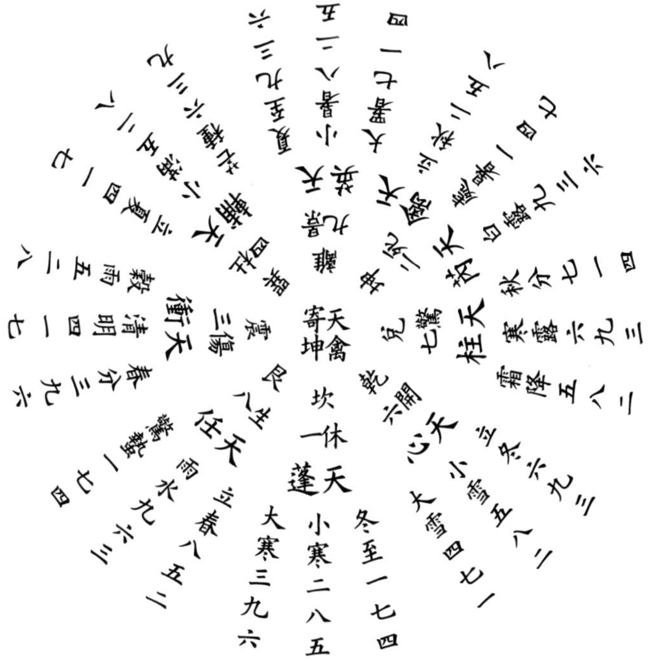

宋平章趙普作煙波釣叟歌

軒轅黃帝戰蚩尤，涿鹿經年苦未休。
偶夢天神授符訣，登壇致祭謹虔修。
神龍負圖出洛水，彩鳳啣書碧雲裡。
因命風后演成文，遁甲奇門從此始。
一千八十當時制，太公刪成七十二。
逮于漢代張子房，一十八局為精藝。
先須掌上排九宮，縱橫十五在其中。
次將八卦論八節，一氣統三為正宗。
陰陽二遁分順逆，一炁三元人莫測。
五日都來換一元，接氣超神為準的。
論取九宮安九星，八門又逐九星行。
九宮逢甲為直符，八門直使自分明。
符上之門為直使，十時一位堪憑據。
直符常遣加時干，直使逆順遁宮去。

六甲原號六儀名，三奇即是乙丙丁。
陽遁順儀奇逆布，陰遁逆儀奇順行。
吉門偶爾合三奇，直此雖云百事宜。
六甲遇之非小補，更令從旁加檢點。
餘宮不可有微疵，三奇得使誠堪使。
乙馬逢犬丙鼠猴，六丁玉女騎龍虎。
又有三奇遊六儀，號為玉女守門扉。
若作陰私和合事，請君但向此中推。
天三門兮地四戶，問君此法如何處。
太衝小吉與從魁，此是天門私出路。
地戶除危定與開，舉事皆從此中去。
六合太陰太常君，三辰元是地私門。
更得奇門相照耀，出門百事總忻忻。
太衝天馬最為貴，卒然有難難逃避。
但當乘取天馬行，劍戟如山不足畏。

三為生炁死為五，勝在三兮衰在五。
能識趨三避五時，造化真機須記取。
就中伏吟最為凶，天蓬加著地天蓬。
天蓬若到天英上，須知即是反吟宮。
八門反伏皆如此，生在生門死在死。
假令吉宿得奇門。萬事皆凶不堪使。
六儀擊刑何太凶，甲子直符愁向東。
戌刑在未申刑虎，寅巳辰辰午刑午。
三奇入墓好思推，甲日那堪見未宮。
丙奇屬火火墓戌，此時諸事不須為。
更兼天乙未臨二，月奇臨六亦同論。
又有時干入墓宮，課中時下忌相逢。
戊戌壬辰兼丙戌，癸未丁丑一同凶。
五不遇時龍不精，號為日月損光明。
時干來尅日干上，甲日須知時忌庚。

更得值符值使利，兵家用事最為貴。
常從此地擊其衝，百戰百勝君須記。
天乙之神所在宮，大將宜居擊對衝。
假令直符居離九，天英坐取擊天篷。
甲乙丙丁戊陽時，神居天上要君知。
坐擊須憑天上奇，陰時地下亦如之。
若見三奇在五陽，偏宜為客自高強。
忽若逢著五陰位，又宜為主好裁詳。
直符前三六合位，太陰之神在前二。
後一宮中為九天，後二之神為九地。
九天之上好揚兵，九地潛藏可立營。
伏兵但向太陰位，若逢六合利逃形。
天地人分三遁名，天遁日精華蓋臨。
地遁月精紫微蔽，人遁當知是太陰。
生門六丙合六丁，此為天遁自分明。

開門六乙合六己，地遁如斯而已矣。
休門六丁共太陰，欲求人遁無過此。
要知三遁何所宜，藏形遁跡斯為美。
庚為太白丙熒惑，庚丙相加難會得。
六庚加丙白入熒，六丙加庚熒入白。
白入熒兮賊即來，熒入白兮賊須滅。
丙為勃兮庚為格，格則不通勃亂逆。
丙加天乙為直符，天乙加丙為飛勃。
庚加日干為伏干，日干加庚飛干格。
加一宮兮戰在野，同一宮兮戰于國。
庚加直符天乙伏，直符加庚天乙飛。
庚加癸兮為大格，加己為刑最不宜。
加壬之時為上格，又嫌歲月日時遲。
更有一般奇格者，六庚謹勿加三奇。
此時若也行兵去，疋馬隻輪無返期。

六癸加丁蛇夭矯，六丁加癸雀入江，
六乙加辛龍逃走，六辛加乙虎猖狂。
請觀四者是凶神，百事逢之莫措手。
丙加甲兮鳥跌穴，甲加丙兮龍回首。
只此二者是吉神，為事如意十八九。
八門若遇開休生，諸事逢之總稱情。
傷宜捕獵終須獲，杜好邀遮及隱形。
景上投書并破陣，驚能擒訟有聲名。
若問死門何所主，只宜吊死與行刑。
蓬任衝輔禽陽星，英芮柱心陰宿名。
輔禽心星為上吉，衝任小吉未全亨。
大凶篷芮不堪過，小凶英柱不精明。
大凶無氣變為吉，小凶無氣一同名。
吉宿更能逢旺相，萬舉萬全功必成。
若遇休囚并廢沒，勸君不必進前程。

要識九星配五行，各隨八卦考羲經。
坎蓬星水離英火，中宮坤艮土為營。
乾兌為金震巽木，旺相休囚看重輕。
與我同行即為相，我生之月誠為旺。
廢於父母休於財，囚於鬼兮真不妄。
假令水宿號天蓬，相在初冬與仲冬。
旺於正二休四五，其餘倣此自研窮。
急則從神緩從門，三五反覆天道亨。
十干加伏若加錯，入庫休囚吉事危。
十精為使用為貴，起宮天乙用無遺。
天月為客地為主，六甲推兮無差理。
勸君莫失此玄機，洞徹九宮扶明主。
宮制其門不為迫，門制其宮是迫雄。
天網四張無路走，一二網低有路通。
三至四宮行入墓，八九高強任西東。

節氣推移時候定，陰陽順逆要精通。
三元積數成六紀，天地未成有一理。
請觀歌裏精微訣，非是賢人莫傳與。

奇儀互換賦

黃帝治世，蚩尤作亂戰涿鹿，面經年未息。夢天神而授傳神符，風后演成奇門，則遁甲由此而始。帝堯為君，洪水橫流殛百，鯀而複命大禹得玄女而授傳秘文，夏禹畫為九疇，則奇門由是復著一千八十之局，創自戰涿鹿之時七十有二之局製乎。會孟津之日，炎漢滅楚兮，子房總為十八局，得黃石公之真傳。昭烈幸蜀兮，諸葛立為三奇，例本漢留侯之道路。由是推之，先排九宮於掌上，次分八卦於其中。縱橫十五，錯綜三元，將八卦以分八節，統於三炁。一炁三局，一局五日，逢甲己為符頭，當超神而接氣。符速節遲，超神看甲己臨在何支。節前符後，接炁驗日辰臨何，甲己仲上局、孟中局、季下局，識中間天地人元。陽未至陰未至，閏當置，其餘為折局、補局。子午東部兮，冬至後陽局已定；

子午西部兮，夏至後陰局無移。陽局順而由一之九，陰局逆而由九之一。先遁五子之元，次尋六甲之首，認取九宮安九星而為直符，分配八卦列八門而為直使，移直符於時干，尋直使於時宮。六儀定則與六甲同名，三奇取像配三光之臨處。六儀則戊己庚辛壬癸定，三奇則乙日丙月丁星。陽遁也，儀順行奇逆布；陰遁也，儀逆行奇順布。順為由直符而順飛于九宮，逆焉由直符而逆跳于八卦。上飛天盤，按天道運行於時候；下列地盤，由地道安靜於方隅。天盤九星兮，共奇儀一時更易；地盤九星兮，與奇儀五日方移。天盤臨地兮，審吉凶之消長；地盤承天兮，知休咎之盈虧。天上甲子臨甲子，伏吟之號。天上天蓬遇天英，返吟斯稱。開居乾上伏吟咎，生臨死位返吟凶。吉門合於三奇兮，舉動皆利。奇門嫌入迫墓兮，所作非宜。奇門臨本宮，為三奇之入墓。門制奇宮，為八門之受迫。三奇遊於六儀，為玉女守其一扉。六儀若見三奇，乃為奇人得其使令。三奇、吉門共太陰三全難得，奇門、太陰或有無二可相隨。雖然六儀擊刑正凶惡，不堪使令；九遁合門至吉利，大可施為。開門合乙加己位，名為地遁，臨紫微蔽以日精。生門合月臨丁上，號為天遁，秉華蓋蔽以月精。人遁則休門合於丁奇臨地乙，為太陰之宮，丙奇同乎。生門兮合九天，名為神遁。星奇合于休門兮臨九地，呼作鬼遁。龍得日奇合休癸或臨坎位，虎有乙奇臨生門不犯墓迫。風遁則日開合於巽上，雲遁乃乙開合於坤宮。玉女方臨天藏，八千四維順行人門地戶，有準兩籌夾干為吉。星有陰陽，門有開闔。蓬、任、衝、輔、禽，陽宿；英、芮、柱、心，號陰星。陽星所攻最吉，陰星所為皆凶刑。主客莫定吉凶，時臨此應當迴避。從三避五，要知分明。三為生炁，往其方萬事和合；五為害炁，避其方不至沉痾。迨夫勝地有三，天乙、九天與生門；不擊有五，三勝、九地兼直使。知三軍之內外，審八門之開闔。孟甲刑門難出入，而宜隱匿；仲甲陽內，宜堅守以利藏兵；季甲陽氣在外，可以動眾揚兵。陽星利客，陰星利主。六乙乃天德之時，揚兵而我師決勝。六丙為人威之辰，出師而敵人敗亡。時加六戊兮，為乘龍萬里之鄉，但當對敵而出戰，遇強徒自滅其蹤。時加六己兮，為明堂六合之地，惟宜偷營而劫寨，利秘密以潛其蹤。六庚出將咎，將萌於其師；六辛行師罪，必加於其身。壬為天牢一所，必出入飛禍連至。癸為天綱四張，審高下只利逃亡。甲加丙為青龍返首，丙加甲為飛鳥跌穴。返首則動作無阻，跌穴而萬事有成。六乙加辛青龍逃走，六辛加乙白虎猖狂。辛臨乙位而身體毀傷，乙到辛宮而財物費墜。丁加於癸，朱雀投江而訟詈。癸臨於丁，騰蛇夭矯而驚惶。六庚加符為伏宮格，不利為主；符加六庚為飛宮格，不可輕謀。庚加符，太白格於天乙，外兵侵而主將失途；符加庚，天乙格於太白，強出師而客將必殂。直使臨庚號野戰，庚臨直使為宮格。野戰而征兵必敗，宮格而英雄必失。是故太白入熒惑兮，庚加丙，金入火而其賊必來；熒惑入白兮，丙加庚，火入金而其賊必退。二時主客皆不利，莫倚奇門強用兵。天地大格，庚下加癸；天地小格，癸下加庚。庚己互加，名曰刑格。庚加己而士卒亡於中道，己加庚而所作不堪崢嶸。歲干逢六庚為歲格則不利，六庚加朔建為月格則皆凶。庚臨日干伏干格，而主人多傷；日干臨庚飛干格，而主客未勝。時干尅日，主不遇定損其明。丙加日干名悖亂，不宜舉動。悖則紊亂於綱紀，格則鬪傷於主將。若能熟讀此篇書，坐致太平如反掌，應天順人伐叛臣，必受明王之上賞，論功列土封公侯，萬世斯民皆感仰。

陰陽逆順妙無窮，二至還歸一九宮。

若能了達陰陽理，天地都來一掌中。

陰陽者，太極靜而生陰，動而生陽。冬至後，陽爻升進，用陽遁順行。夏至後，陰爻起發，用陰遁逆行。玄妙深微，難窮其理也。

二至者，冬至、夏至也。一者，坎宮；九者，離宮也。冬至一陽生於子，故冬至節居坎一宮也。夏至一陽生於午，故夏至節居離九宮也。陰陽理者，冬至後十二氣為陽遁，則逆布三奇，順布六儀。夏至後十二氣為陰遁，則順布三奇，逆布六儀。若能了達遁甲陰陽之理，則天地間之二炁、三才、四象、五行、六甲、七曜、八門、九星，皆在於掌中而起也。

九宮先須掌上排。

坎一、坤二、震三、巽四、中五、乾六、兌七、艮八、離九，乃九宮也。天有九星以鎮九宮，地有九宮以應九州。戴九履一，左三右七，二四為肩，六八為足，五中。中宮者，土，火之子、金之母所寄，理於西南，坤位也。坎一白水居正北，坤二黑土居西南，震三碧木居正東，

巽四綠木居東南，中五黃土居中宮，乾六白金居西北，兌七赤金居正西，
艮八白土居東北，離九紫火居正南。
坎居一位是蓬休，芮死坤宮第二流。
更有衝傷并輔杜，震三巽四總為頭。
禽星死五開心六，驚柱常從七兌遊。
更有生任居艮八，九尋英景問離求。
次將八卦論八節。
天有八風以直八卦，地有八方以應八節。節有三氣，氣有三候。如
是八節以因之，成二十四氣。更乘之七十二候，備焉八節，立春、驚蟄、
清明、立夏、芒種、小暑、立秋、白露、寒露、立冬、大雪、小寒也。
冬至一宮坎卦，立春八宮艮卦。
春分三宮震卦，立夏四宮巽卦。
夏至九宮離卦，立秋二宮坤卦。
秋分七宮兌卦，立冬六宮乾卦。
一氣統三為正宗。

氣者，中氣，雨水、春分、穀雨、小滿、夏至、大暑、處暑、秋分、霜降、小雪、冬至、大寒也。冬至小寒及大寒，天地人元一二三。立春雨水並驚蟄，依艮順增八九一。春分清明並穀雨，但起震宮三四五。立夏小滿芒種氣，四五六兮列成列。夏至小暑及大暑，九八七兮還艮數。立秋處暑並白露，從二卻行於九一。秋分寒露及霜降，七六五兮依此向。立冬小雪並大雪，六五四兮依此訣。統三者，一節分三元，即三候也。又曰三者，三甲也。上局仲甲，謂甲己之日，夜半子時乃甲子時；丙辛之日，日中甲午時是也。此時關格刑德在門，用兵先舉者敗，不可出入，利以逃亡，主客並凶。中局孟甲，戊癸之日，平旦甲寅時；乙庚之日，晡時甲申時是也。此時陽氣在內，陰氣在外，利藏兵固守，不可出師，利主不利客。下局季甲，謂丁壬之日，食時甲辰；甲己之日，黃昏甲戌。此時陽氣在外，陰氣在內，利出兵動衆，百事吉利，客不利主。又云：六甲之日夜半子，二甲皆合，謂今日是。甲直符與時皆合甲，故名三甲合也。

陰陽二遁分順逆，一氣三元人莫測。

冬至後用陽遁順飛，於一宮起。如冬至上元陽一局，順遁甲子戊起一宮，甲戌己二宮，甲申庚三宮，甲午辛四宮，甲辰壬五宮，甲寅癸六宮，丁奇七宮，丙奇八宮，乙奇九宮，乃儀順奇逆也。夏至後用陰遁逆飛，離九宮起。如夏至上元陰九局，逆甲子戊起於九宮，甲戌己八宮，甲申庚七宮，甲午辛六宮，甲辰壬五宮，甲寅癸四宮，丁奇三宮，丙奇二宮，乙奇一宮，乃逆儀順奇也。九星為直符，八門直使，有順陽使逆行，陰經術不顯，隱伏之事也。一即分三元，子午卯酉為上元，寅申巳亥為中元，辰戌丑未為下元。若不明三元，用奇不準，主有不測也。

甲己庚辛壬癸順，陽儀丁丙乙逆行。

休門隨君順數去，甲子起時當仔細。

陰轉六儀當逆推，乙丙丁奇順而隨。

門隨始時同逆起，休門排位順風吹。

五日都來換一元。

甲子至戊辰，五日為上元；己巳至癸酉，五日為中元；甲戌至戊寅，五日為下元；己卯至癸未，五日為上元；甲申至戊子，五日為中元；己丑至癸巳，五日為下元；甲午至戊戌，五日為上元；己亥至癸卯，五日為中元；甲辰至戊申，五日為下元；己酉至癸丑，五日為上元；甲寅至戊午，五日為中元；己未至癸亥，五日為下元。

接氣超神為準的。

超者，越過也。神者，進神也。甲子、己卯、甲午、己酉，乃進神，為符頭。接，迎接也。氣者，節氣也。超神者，謂節氣未到而甲子、己卯之符頭先到，為之超。接氣者，謂甲子、己卯之符頭未到而節氣先至，為之接。如值節與日長同到其日神，是此節上局，謂之正授奇，凡換奇皆甲子時換也。須知閏奇之法，方能超接節真。積日以成閏月，積時以成閏奇。超接正授閏有法，分金定刻難明局。以五日一換，遇一節氣通換六局。凡一月節氣必三十日令五時二刻，以三十日分六局，以餘五時二刻置閏，超神不過十日，遇芒種、大雪起過九日，即置閏也。假如丙戌年五月初一巳卯，至初九丁亥巳刻，過九日於置閏，即用初一日己卯作芒種上超局，初六日甲申作芒種中局，十一日己丑作芒種下局。畢於此重用一局作三奇閏法，以十六日甲午作芒種閏奇，此超神置閏之法也。

二十四己交夏至，是為置閏，借夏至九日，其五月小盡至六月初二日己酉，方作夏至上局，初七日甲寅，作夏至中局，十二日己未，作夏至下局，以為接氣奇也。閏奇之法，每遇芒種、大雪二節內，如是超過九日，即合置閏以歸每節氣所餘五時二刻也。蓋奇以冬夏二至分順逆，故於二至之前置閏以均其氣，無不應也。

認取九宮為九星。

天蓬貪狼主坎一宮屬水，天芮巨門主坤二宮屬土，
天衝祿存主震三宮屬木，天輔文曲主巽四宮屬木，
天禽廉貞主五中宮屬土，天心武曲主乾六宮屬金，
天柱破軍主兌七宮屬金，天任左輔主艮八宮屬土，
天英右弼主離九宮屬火。

八門又逐九宮行，九宮配八門永定例。

坎宮蓬星休門，艮宮任星生門，震宮衝星傷門，巽宮輔星杜門。
坤宮芮星死門，附中宮禽星寄坤，離宮英星景門，兌宮柱星驚門。
九宮蓬甲為直符，八門直使自分明。

如陽遁一局，甲子時起坎一宮，即以坎宮天蓬為直符，休門為直使；甲戌時起坤二宮，即天芮為直符，死門為直使；甲申時起震三宮，即天衝為直符，傷門為直使；甲午時起巽四宮，以天輔為直符，杜門為直使；甲辰時起中五宮，以天禽為直符，死門為直使；甲寅時起乾六宮以，天心為直符，開門為直使。餘例倣此。

符上之門為直使，十時一位堪憑據。

遁取時旬甲頭為直符，如陽遁一局，甲子在坎宮，天蓬為甲子直符，則休門即為直使，管至癸酉十時住。甲戌在坤宮，天芮為直符，則死門即為直使，管至癸未十時住。又換甲申符頭在震，天衝為本時直符，則傷門即為直使，管至癸巳十時住。又易甲午在巽，天輔為直符，則杜門為直使，管至癸卯十時住。又換甲辰在中宮，天禽為直符，則死門為直使，管至癸丑十時住。又易甲寅在乾宮，天心為直符，則開門為直使，管至癸亥十時住。陽一局六十時足，而又他局餘局倣此，陰遁同例以逆推。

直符常遣加時干。

如冬至上元陽遁一局圖內，乙庚日丙子時其圖地甲申泊三宮，天衝管事，乙庚日申時乃甲申時也，就是衝三直符，故此直符常加時干也。

直使順逆遁宮去。

原天盤上休在坎，生在艮，傷居震，乃定位也。如冬至上元陽局一圖內，乙庚日申時就以傷門為直使，乃時干甲申居三宮也。陽遁順飛，陰遁逆飛。

吉門偶爾合三奇，值此雖云百事宜。

開、休、生即北方之三白，為最吉，乃三吉門。合乙丙丁三奇，其中合得一位，共臨之方，乃三奇之妙，此時百事大吉。如得門不得奇，亦可；得奇不得門，終非吉；奇、門俱不得，即凶。當以其大小程等輕重而用之。

更合從傍如檢點，餘宮不可有微疵。

如得開、休、生三吉門，又合上下盤三奇是也。此時此宮有奇門雖吉，然須檢點三盤上所加，餘七宮凶星所在，未可以此即為全吉。如合天地人三道、烏跌穴、龍返首、知三、天輔、王女守門、三奇所及遊六儀、羲和、制伏、惟怡等，故為吉也。如合火入金、金入火、虎猖狂、龍逃走、雀入江、蛇夭矯、避五、擊刑、制損明、入墓、反伏吟、格勃飛、天乙、天綱、門迫之類，即為凶也。

三奇得使誠堪使。

謂在六甲之上，自得所使之奇。甲戌、甲午，乙為使；甲子、甲申，丙為使；甲辰、甲寅，丁為使。如陽遁三局，乙庚之日丁亥時，此時六乙日奇下臨九宮甲午，是為乙奇得使。又如陽遁五局，丙辛日己亥時，此時丁奇下臨四宮甲辰，為丁奇得使。其法以天上甲子起，中間一宮而行，則乙奇到甲戌，丙奇到甲子，丁奇到甲寅。地下甲子起戌，地者，婦人之道，不能自立，必假夫而立，故甲戌假對宮坤辰上起甲，則乙奇在甲午，丙奇在甲申，丁奇在甲戌，取對衝，故奇甲辰也。

六甲遇之非小補。

陽星加時為開。陽星，天蓬、天衝、天任、天輔、天禽。陰星加時為闔。陰星，天英、天芮、天柱、天心。六甲之時，闔時百事凶，開時百事吉。又曰：甲為青龍，利以遠行，將兵客勝，聞憂無聞喜有，宜謁尊見貴，移徙嫁娶百事吉。如陽遁九局，甲己日黃昏，得天任陽星，加時為開，吉。若無奇門，合得此局亦得次吉。

六儀六甲本同名，三奇即是乙丙丁。

六儀者，戊、己、庚、辛、壬、癸是也。六甲者，甲子、甲戌、甲申、甲午、甲辰、甲寅六十時。六甲周流九宮，甲子常隨六戊，甲戌常隨六己，甲申常隨六庚，甲午常隨六辛，甲辰常隨六壬，甲寅常隨六癸。六甲隱於六儀之下，故曰同名。三奇者，乙日奇、丙月奇、丁星奇也。

一奇倘合開休生，便是吉門利出行。

萬事從之無不利，能知玄妙得真靈。

如天上丙臨地下乙丁，或天上丁臨地下乙丙，又與開、休、生三門合者，此為吉門，宜出行出兵，興工動土，無不利者，委有玄妙如神靈也。

急則從神緩從門，三五返覆天道亨。

若急速無奇門，則用玉女反閉之法，以六筭而行從神機也。若運機緩情，須吉門而出。經云：趨三避五，巍然獨處。謂之趨三，吉門；避五，凶門也。如用神機則反凶為吉，是遁利矣。如遁得乙奇在門，念乙奇呪；丙奇在門，念丙奇呪；丁奇在門，念丁奇呪。出其方，百事吉。

已上若得三奇妙，不知更得三奇使。

乙奇使甲午、甲戌；丙奇使，甲子、甲申；丁奇使，甲辰、甲寅。雖得三奇之妙，又不若得三奇之使為尤妙也。

得使猶來未為精，五不遇兮損其明。

損明須知時尅日，吟格相加猶不吉。

得三奇使為遁之妙，若五不遇時難。剛柔相尅之氣，相尅則損其光明，如甲子日得庚午時之例。吟即反復，二吟為上下相尅。凡庚為干格，則萬物凝滯，六甲相加為不吉也。

掩捕逃亡須格時，占稽行人信宜失。

知掩捕逃亡，陽時可得，陰時不得。如占行人，陽時來，陰時不來。又主失信，如遇庚加時，即有阻不來，主失信也。

斗中三奇遊六儀，天乙會合主陰私。

乃天上乙丙丁臨地下六甲之儀，如甲子旬有庚午時，甲戌旬有己卯時，甲申旬有戊子時，甲午旬有丁酉時，甲辰旬有丙午時，甲寅旬有乙卯時。此玉女守門時，利於陰私和合之事。

三奇上見遊六儀，六儀便見五陽時。

兼向八門尋吉位，萬事從之無不宜。

討捕行人，須明時下尅。如癸加丁則蛇夭矯，丁加癸則雀入水，乙加辛則龍逃走，辛加乙則虎猖狂，及時干尅日干，皆為討捕所忌也。若論行人信息，遇天上三奇乙丙丁，地下三奇甲戊庚。上見于甲子戊、甲戌己、甲申庚、甲午辛、甲辰壬、甲寅癸，謂之遊六儀也，百事皆吉。惟行人信息，若見甲、乙、丙、丁、戊之五陽時，故忌之。故曰：此時利以為客，而逃亡者不可得也。又如六儀與三奇合太陰，又遇天三門、地四戶，是為福食，則遠行、出入、移徙，萬事皆宜也。

五陽在前五陰後，主客須知有盛衰。

自甲至戊五陽時，利為客，宜先起。自己至癸五陰時，利於主，宜後動。當五陽之時，客盛主衰；當五陰之時，主盛客衰。更相旺相休囚參考，萬不失一。如冬至，休旺、生絕、傷胎、杜沒、景死、死囚、驚休、開廢之例是也。

陰陽五子還須記，六儀如著更無利。

六儀忽然加三宮(即太衝)，更為刑擊先須忌。

六儀擊刑三奇墓，此時舉動百事悞。

六儀擊刑，六甲直符加所刑之地也。甲子直符加卯(三宮太衝)，子刑卯也。甲戌直符加未，戌刑未也。甲申直符加寅，申刑寅也。甲午直符加午，午自刑也。甲辰直符加辰，辰自刑也。甲寅直符加巳，寅刑巳也。又有丑刑戌、卯刑子、巳刑申、未刑丑酉、亥刑亥者，皆謂之擊刑。凡擊刑，主謀事不成，多有失陷，不可出行出師，百事不吉。三奇入墓者，乃乙奇加坤，丙、丁奇加乾，主求謀不獲，此時舉動，百事失悞，不吉。

太白入熒賊即來，火入金鄉賊即去。

丙為悖兮庚為格，格則不通悖亂逆。

凡遇天上丙臨地下庚，主賊自退逃；天上庚臨地下丙，主賊來侵侮。門雖吉亦凶，主客俱不利，客多敗。凡遇丙臨時干，謂之悖；庚臨時干，謂之格，不可出行舉事，主亂不通也。如有急事不得已，行籌佈局，反閉而出，去則變凶為吉也。

庚加日干為伏干，日十加庚飛干格。

庚加直符天乙伏，直符加庚天乙飛。

加己為刑遁之格，加癸路中大格宜。

加任之時為小格，更嫌歲月日時移。

當此之時俱不利，舉動行兵亦不宜。

伏干格與飛干格，此時主戰鬬不利，主客俱傷。天乙伏格，此時主客皆不利，戰鬬交兵氣自衰，占見人不在，占來人不來。天乙飛格，此時同前，主客皆不利，只宜固守，出則大將遭擒。加己為刑格，主隱伏禍亂不祥，出則車敗馬傷，敵奔勿追，占人刑獄。加癸大格，加壬小格，並不宜出軍，求望不得，托人失信。庚加歲為歲格，加月為月格，加日為日格，加時為時格，雖得奇門不可用。

丙加甲兮鳥跌穴，甲加丙兮龍返首。

只此二者是吉祥，作事如意下八九。

加丙加甲直符，甲直符加丙，更逢開、休、生三門，萬事皆吉。

辛加乙兮虎猖狂，乙加辛兮龍逃走。丁加癸兮雀入江，癸加丁兮蛇躍蹻。雀投江，忌遠行，主詞訟。蛇躍蹻，主惶惑不安。龍逃走，主失陷財物。虎猖狂，主傷亡之災也。四者皆相尅制，用之百事凶。
符加丙丁為相佐，使加六丁為守扉。
丙合戊兮為天遁，地遁乙合開加己。
休承丁合太陰人，天綱四張時加癸。
蓬加英兮為反吟，伏吟之時蓬加蓬。
吉宿見兮萬事吉，凶宿見兮萬事凶。
伏吟時，宜收斂財物。反吟時，宜發財物。餘事縱得奇門，亦凶。
天輔衝任禽心吉，天蓬天英芮柱凶。
凡時下得輔、禽、心星，大吉；衝、任，小吉；蓬、芮，大凶；柱、英，小凶。吉星、吉方不合奇，可用凶星、凶方奇到，呼其字而呪之，大吉矣，如天蓬呼子禽之例是也。
陰宿禽心柱英芮，陽宿衝輔及蓬任。

凡陽星加一宮為開，陰星加一宮為闔。蓋一宮者，九氣之本陰陽根，占事開時吉，闔時凶。遠信、行人、盜賊，開時來，闔時不來。

天綱四張無走路，陰陽逆順妙無窮。

天綱者，六癸也。經云：天綱四張，萬物盡傷。蓋六癸時不宜舉動，百事惟宜逃亡，從天上六癸方而出，人不見也。然綱有高低，不可不察。假令臨一、二、三、四、五宮，尺寸低可揚而出；臨六、七、八、九宮，尺寸高過人，為之四張，無走路多遭刑厄。冬至後陽遁皆順氣佈局，夏至後陰遁皆逆氣佈局，以推布趨吉避凶，奧妙莫測。

直符前一六合位，後一九天二九地。

前二之神號太陰，直符相衝勾陳位。

前一螣蛇對朱雀，八神守門當此地。

陽遁順行定無疑，陰遁逆行依此例。

地宜藏伏天揚兵，六合太陰可隱避。

地靜為伏匿，後二神名九地、六癸之下可以伏藏，則人不見；九天之上六甲可以陳兵，而擊其衝。然三奇合太陰而無吉門，名曰有陰無門。

門合太陰無三奇，謂之有門無奇。

更有直符併直使，兵家用之為最貴。

若將此地擊其衝，百戰百勝君須記。

直符者，天乙也。直使者，八門也。居天乙而擊其衝，坐生門而擊死門，皆百戰百勝。此兵家所以用之為貴也。

二至之前有閏期，芒種大雪是根蒂。

有時超接事何如，到此閏局堪為例。

節氣推移時候定，陰陽順逆理須通。

三元超遁遊六甲，八卦週流遍九宮。

置閏之法，決在芒種、大雪之後，設遇小、滿小雪二氣之交，雖超九日、十日，不可置閏，務於二至之前置閏。蓋奇以冬夏至分陽遁順行、陰遁逆行，故於二至之前置閏，以均其氣也。三元超遁遊六甲者，符節超接以應候。上中下元遁流六甲，八卦九宮應一歲之八節，二十四氣週流終而復始也。

九天 求名出兵　九地 伏匿秘密，見九天比和。　六合 求財交易婚姻百事　太陰 婚姻有事　直符 出兵、出行，百事宜默。

朱雀是非，長遇人爭。
勾陳官符
騰蛇淹滯
太乙稱情宜參謁、婚姻、出行，諸吉。
攝神難成遲疑，不宜求財。
軒轅不利牽纏，不宜遠行。長有驚恐、奸細事。
天符口舌行客阻迷，百事不就。
青龍稱情宜求財，諸事喜。
招搖人侵不利口舌多，驚恐。
咸池大凶矯詐萬事不宜，又忌死門。
太陰難伸求財，諸事吉。
天乙稱意萬事和。

奇門六十格

已下貴格三十條，隨時而用，各得其宜，營為萬事，大吉利也。

龍返首　甲直符加地盤丙奇。

鳥跌穴　丙奇加地盤甲直符。

天遁格　生丙臨戊，又曰開合丙。

地遁格　開合乙奇臨六己也。

人遁格　休丁臨太陰也。

神遁格　生門、丙奇合九天也。

鬼遁格　開乙合九天生丁合九地在艮宮也。

龍遁格　休門、乙奇合坎也。

虎遁格　休生門與乙奇合艮辛也。

雲遁格　休、開、生乙合辛在震。

風遁格　休、生、開合乙奇在巽也。

真詐格　三奇、三門會太陰也。

重詐格　三奇、三門會九地也。

休詐格　三奇、三門會六合也。

天假格　三奇合景門會九天也。

地假格　丁己癸合杜臨三隱也。

人假格　六壬合驚附臨九天也。

神假格　丁己合合傷臨九地。

鬼假格　丁己癸合死臨三隱也。

天盤奇與地盤儀合者，謂之合。

三奇得使　乙奇加甲戌、甲午，丙奇加甲子、甲申，丁奇加甲辰、甲寅。

玉女守門　甲己時丙，乙庚時辛，丙辛時乙，丁壬時巳，戊癸時壬，十干時也。

天輔時格　甲己時巳，乙庚日申，丙辛日午，丁壬日辰，戊癸日寅，天輔時支。

三勝宮　天乙值符九天生門也。

天三門　太衝、小吉、從魁也。

地四戶　月建加時取除定危開。

地私門　六合、太陰、太常也

天馬戶　月將加時取太衝位也。

三吉門　休、開、生，次吉杜、景。

三吉星　禽、輔、心，上吉；衝、壬，小吉。

吉符位　太陰、六合九天、九地。

已下賤格三十條，皆為凶忌，凡有營為，百事切勿用也。

虎猖狂　辛奇遇乙。

龍逃走　乙奇遇辛。

蛇躍蹻　癸見丁奇。

雀投江　丁奇見癸。
伏干格　庚臨日干。
飛干格　日干加庚。
伏宮格　庚臨值符。
飛宮格　直符加庚。
大隔格　庚臨六癸。
小隔格　庚臨六壬。
刑隔格　庚臨六己。
悖隔格　丙臨日干。
歲隔格　庚臨歲干。
月隔格　庚臨月干。
時隔格　庚臨時干。
熒入白　丙奇加庚。
白入熒　庚加丙奇。
五不遇　時干尅日干。

天羅格　癸臨時干。

地網格　壬臨時干。

反吟格　星符加對宮。

伏吟格　星符加本宮。

凶符格　白虎、玄武、螣蛇。

三奇入墓　乙奇臨坤宮，丙丁奇臨乾宮。又云：乙未、丙戌時同。

三奇受刑　乙奇臨乾驚門，庚辛囚死。丙奇臨坎死門，壬癸、庚辛囚死。

六儀擊刑　直符加刑宮也。甲子甲午加三九甲申甲辰加八九甲戌甲寅加二四宮。

門迫格害　休門坤艮，生門震巽，景門加坎。驚門加離，杜傷乾兌害。

宮迫格制　休門加九，杜傷二八，景門六七，生死如一，驚開三四制。

凶門格　死門大凶，驚門小凶。

凶星格　蓬、芮太凶，英柱小凶。

四吉星尅應歌

天蓬

若值貪狼星遇時，定應羽客及僧尼。
不然衙府公人至，若是荒郊是孝衣。
婦女擔柴為尅應，看鵝看鴨及孩兒。
三七南方商角姓，送肉鵝鴨及菜通。
□□角姓豬來至，不然生炁及貓見。
但將時侯尋星宿，仔細推尋定不移。

天芮

巨門星下利亨通，先見色衣和尚同。
牛馬婦人並傘杖，出郊飛鳥必應逢。
其禽黃白來相應，婦女擔柴在道中。
大墓本音旗鼓至，如臨小臨小孩童。
手攜利器並刀杖，四七日中見羽宮。
疋帛鵝羊生炁物，不然豬犬血財逢。
大墓辰戍，小墓丑未。

天心

武曲如臨定時先，必見色衣率執言。
不然羽客和尚至，乘騎馬牛又當□。
不然白物如時見，若在荒郊白鳥翩。
白鳥白衣皆言吉，時家元是貴人邊。

天任

左輔加時甚吉良，貴人鞍馬來北方。
公人節級僧道至，掛衣俱是色衣郎。
不然蒼烏雙雙至。白鳥白鷗爭一場。
七二日中官貴至，又主生財白雲強。
綾帛錢財銀兩物，小應人家鵝鴨詳。

五凶星時尅應歌

天衝

祿存星位不堪當，必逢孩子色衣郎。

僧道錢帛並綾絹，道士婦人尅應當。
荒郊必然奴婢見，擔柴負木見時常。
黑白飛禽時見過，七七日乍扳木糧。
花白生菜並一色，貴人接引酒筵香。
天輔
文曲星辰好把裁，先見色衣傘杖來。
風塵婦人青衣至，婦女擔柴及小孩。
孩兒聚集人長叫，郊野蟲蛇自走來。
二七羽音人送物，豬羊鵝鴨及生財。
親情邀命相迎接，疋帛之中自送來。
天禽
廉貞尅應細推尋，先見公人打責見。
工匠僧道並散樂，山原高上赤雲飛。
禽飛牛馬來相應，婦女擔柴摘菜歸。
五七日中商羽大，人將野味送來知。

疋帛生財六十日，利一門風是此時。

天柱

破軍星下細推詳，公人軍健宰屠夫。
醫人針灸巡官過，童子但柴走路忙。
荒郊飛鳥牛相應，不然蒼鵙鳥飛翔。
婦女擔柴並摘菜。一七之中見火傷。
黃白生物並疋帛，不然延送味馨香。
主入田莊家富貴，必生貴子作官郎。
又云：有鑼鼓聲及銅鐵聲，或人執刀杖銅鐵之器則應。

天英

右猘星中事若何，唱人散令及村歌。
只見緇衣並羽客，荒郊百舌禽相應。
幼雜手攜刀杖過，放馬同牛齊玩看。
不然看鴨又看鵝，五七日中商角姓。
碗碟滴瓶白器過，疋帛主人財客至。

依時尅應定無差。

三奇到方尅應

乾

乙奇到乾，有著黃衣人至，有纏錢人至。丙奇到乾，有披綠衣服人來，又有黑禽飛或雙而至。若西南方產亡，大發，百日內進女人財。丁奇到乾，有人執刀斧來，不然有牽角畜人至，七日進金銀。

坎

乙奇到坎，有皂衣人至，不然有鼓聲應之。後七日進財，後宅內有喜事，並色衣入宅。丙奇到坎，有執杖者至，不然有黃白鳥從西北方來。至六十日進契書，百日內大吉，東方火驚大興。丁奇到坎，有人從南方來，抱小見至。有黑雲起，一七日進黑物。若四方有人自吊死，主大發。

艮

乙奇到艮，有人著衣過往，或小兒提鐵器之人來。黑白飛鳥一雙，或擔網賣魚人來，週年進人口。丙奇到艮，有青衣人、皂衣人至，或小兒啼，又罟網賣肉至，或飛禽雙至。後七日進金銀，週年進白馬，大發。丁奇到艮，有人攜文書紙筆至，或小兒提鐵至。過應二七日進黃白，一百二十日進人口并文書。

震

乙奇到震，有武士執鎗，有主雷聲，或鼓聲應。有打魚人，或捕獵，或小兒群應。二七日進金寶物，若見東方有人產死，大發。丙奇到震，罟網賣魚人至，或小兒成群來。一七日進生物，週年生貴子。若見彼處北方有雷聲推樹，大發。或有武士持鎗，或鼓聲，亦是。丁奇到震，有女雙至，及南方有女人，或黑禽雙至。一七日進白黃物，頭上若見南方或東方有殺聲，大發。

巽

乙奇到巽，有白衣人來，乘赤馬至，不然有小兒至。應三年生貴子，進外宅田庄。若東林木枯時，大驚大發。丙奇到巽，有樂聲應之，又唱喏聲應。時二七或紅雲南來，人有大驚事應之。或色衣人來，進財物，並冢宰貴人到宅，大發。丁奇到巽，有小兒騎牛來，南方有黑雲雨至。

見三七日有橫才，週年有黃腫產死，相報大發。

離

乙奇到離，有病眼病脚人或小兒而騎牛，又黑白禽自東南方來。應二七日進豬、雞、犬，北方人家有瘴，興旺。丙奇到離，有黃白飛鳥雙至，或病脚目人至，或小兒騎牛馬。北方人家病，或火燒屋，應大發。應七日、週年，進坑畔田，旺蠶大發，或進六畜生氣。丁奇到離，有披綠青色衣人至，三七日進橫財，若見東方刀兵時，大發。

坤

乙奇到坤，有人之隻目並披孝服，雷傷牛馬。應七日主進豬、犬，六十日進文書契。丙奇到坤，有人著青皂衣人至，或鳥鵲應之，自東南來。二七日進南方女人財物，或色衣人財物，或週年絕戶產。北方老人死，更有鼓聲，應時大發。丁奇到坤，有青衣、皂衣及黑飛鳥至，或人擔水過。

兌

乙奇到兌，有三五個至，或鳥鳴。三七日進角羽，或商音人田地見東南方牛馬自死，大發。丙奇到兌，有執杖人東方來，又有小兒啼聲。
二七日進財，週年進人口與地田，坤艮方有先人死，大發。丁奇到兌，
有人持文書筆來，打魚賣網，或烏至。

生　見兩鼠或孝服。

乙會休門出門，見牛馬，或扛木者，或人穿紅者。

開　逢客人或公吏。

生　遇獵人。

丁會休門出門。二十里見白衣人，或婦著白衣。

開　見小兒手執杖物。

生　見眼疾人。或逢人鬧。

丙會休門出門，五十里聞鼓聲，或見軍器。

開　見老人執物，或哭聲。

八門直使應驗

休門三十里貴人陰，衣著藍黃及碧青。

生門十五里逢公吏，官人著皂紫衣巾。
傷門三十里爭訟起，凶人著皂血光生。
杜門三十里逢男女，皂絹褐碧在縱行。
景門三十里驚憂事，緋皂人衣要會賓。
死門三十里逢疼病，黃皂衣官且免迍。
驚門三十里鶖鵲噪，官撞相逢六畜驚。
開門二十里陰人至，貴人乘馬紫衣中。

直使會應章

乙奇會天逢生門，乙庚日時雷霓現，二烏應墓風一陣，應之大吉利。
丙奇會天芮休門，甲己日時鸖鵬二人乘馬來，應大吉利。
丁奇會天英開門，戊癸日時烏烏白頂雷鳴，大吉利。
歌曰：
甲己臨仲上元天，臨孟子時作中元。
臨季下元為局定，此名遁甲渾三元。

夫遁甲加六壬之總管，陰陽之風水諸書之總，吉凶禍福之樞機，諸神惡煞為咎，乙丙丁日月星奇，能制一切之凶神，三光齊到土神永久。國得奇而太平者，得奇具盛榮，得奇而旺相。上官赴任得奇而陞遷，奇門一到，諸神拱手。伏藏如在南方兼北利，若居東北造西宮，一奇若在山頭，一切凶神俱伏藏。得奇不得門可，得門不得奇不可用，奇門俱利，無不吉也。

支干總斷

甲午、乙巳、丙辰、丙戌、丁丑、丁未、戊申、己酉、庚子、辛亥、壬寅、癸卯，皆支生干，名寶日上吉。

甲子、乙亥、丙寅、丁卯、己巳、戊午、辛未、庚辰、庚戌、辛丑、壬申、癸酉，皆干生支，名義日次吉。

甲辰、甲戌、乙未、乙丑、丙申、丁酉、戊子、己亥、庚寅、辛卯、壬午、癸未，皆干尅支，名制日中平。

甲申、乙酉、丙子、丁亥、戊寅、己卯、庚午、辛未、壬辰、壬戌、癸未、癸丑，皆支尅干，名伐日凶。

戊辰、己丑、戊戌、丙午、壬子、甲寅、乙卯、丁巳、己未、庚申、辛酉、癸亥，皆支干同類，名和日吉。

丙子、丁丑、戊寅同辛卯、壬辰、癸巳，凶。丙午、丁未、戊申退辛酉、壬戌、癸亥，在其中十二日名退交日。忌出行、求財、捕捉、婚姻、入學、交易、上官等事，並凶奎、婁、角、亢、鬼、斗、星。天金神直日，出行、出兵、大事不宜用。

孤虛法

九天玄女曰：此法皆孤擊虛，一女可敵十夫，取擊對衝之方是也，萬無一失旨哉！古法萬人用年，千人用月，百人用日，十人用時，惟時孤最驗。圖局於後：

甲子旬 戌亥孤 辰巳虛

甲午旬 辰巳孤 戌亥虛

甲戌旬 申酉孤 寅卯虛

甲辰旬 寅卯孤 申酉虛

甲申旬 午未孤 子丑虛

甲寅旬 子丑孤 午未虛

孤虛旺相

甲子旬戊亥為孤，辰巳為虛，是以空亡為孤，對宮為虛也。旺相如東方木旺於卯之類，春屬木，甲乙木生丙丁火相，金到此則衰，所以孤。孤者，無輔助之義，今說四廢。然水為母，木為子，子實則母虛，水到此所以虛。此兵家用時日，有天德、月德方位法也。

反吟伏吟

天地不寧，陰陽返伏。九宮不通，八門杜塞。太公太寧，助吾無懼，急急如九天玄女聖母元君法旨勑。此當用事時逢返伏吟，避之不及，即密念返伏吟咒七遍以禳之，向返伏吟之方而去，則無忌而獲吉矣。

遁甲後序

夫遁之妙，須趨三奇吉門。三奇者，天上乙丙丁是也。吉門者，休、生、開也。奇門會合之方，利宜出師征討。九天之上利擊衝陳兵，九地之下利以藏兵遁卒。又明天時，知地理，察人事，戰攻決勝可為良將也。

今稽遁甲之書，亦兵家之樞機，義與《孫子兵法》相符合而用之也。故聖人立法，可以出軍征伐，鬪戰尅敵，遇寇捕賊，立營置陣，出天門入地戶，隱匿藏形，無出其右也。至於民間日用，上官、嫁娶、遠行、移徙、訪賢、謁貴、商賈、求財、登科、射獵、博戲諸事，皆准無不驗。上以利國，下以利民，萬世之良法也。

凡一月之內有二個節氣，共有三十日多伍個時辰并二刻，方又交下月節氣，所以將多餘五個時辰并二刻，積多成一閏奇也。可將曆日節氣時刻交度數筭，就見明白。假如正月大初一日子時初初刻立春，乃正月節，至三十日止。至二月初一日巳時初二刻即交驚蟄，二月節也，此為三十日零五時二刻。蓋正月初一日起至月終，已有三十日矣。又加二月初一日子、丑、寅、卯、辰，乃為零五箇時辰。巳時初初刻、初二刻，則為零二刻矣。每月二個節氣必多伍個時辰零二刻，亦因周天之度數共有三百六十五度多四分一秒故耳，所以置節亦多此五時二刻也。

四象

老陽，少陽，老陰，少陰。
老陽變少陰，老陰變少陽。

定寅時法
正九五更二點徹，二八五更四點歇。
三七平光起寅時，四六日出寅無別。
五月日高三丈地，十月十二四更二。
仲冬纔到四更初，便是寅時君須記。

奇門秘覈之遁甲篇終

占筮類			
1	擲地金聲搜精秘訣	心一堂編	沈氏研易樓藏稀見易占秘鈔本
2	卜易拆字秘傳百日通	心一堂編	
3	易占陽宅六十四卦秘斷	心一堂編	火珠林占陽宅風水秘鈔本
星命類			
4	斗數宣微	【民國】王裁珊	民初最重要斗數著述之一；未刪改本
5	斗數觀測錄	【民國】王裁珊	失傳民初斗數重要著作
6	《地星會源》《斗數綱要》合刊	心一堂編	失傳的第三種飛星斗數
7	《斗數秘鈔》《紫微斗數之捷徑》合刊	心一堂編	珍稀「紫微斗數」舊鈔秘本
8	斗數演例	心一堂編	
9	紫微斗數全書（清初刻原本）	題【宋】陳希夷	斗數全書本來面目；有別於錯誤極多的坊本
10-12	鐵板神數（清刻足本）——附秘鈔密碼表	題【宋】邵雍	無錯漏原版　秘鈔密碼表　首次公開！
13-15	蠢子數纏度	題【宋】邵雍	蠢子數連密碼表　打破數百年秘傳　首次公開！
16-19	皇極數	題【宋】邵雍	清鈔孤本附起例及完整密碼表　研究神數必讀！
20-21	邵夫子先天神數	題【宋】邵雍	附手鈔密碼表　研究神數必讀！
22	八刻分經定數（密碼表）	題【宋】邵雍	皇極數另一版本；附手鈔密碼表
23	新命理探原	【民國】袁樹珊	子平命理必讀教科書！
24-25	袁氏命譜	【民國】袁樹珊	
26	韋氏命學講義	【民國】韋千里	民初二大命理家南袁北韋
27	千里命稿	【民國】韋千里	
28	精選命理約言	【民國】韋千里	北韋之命理經典
29	滴天髓闡微——附李雨田命理初學捷徑	【民國】袁樹珊、李雨田	命理經典未刪改足本
30	段氏白話命學綱要	【民國】段方	民初命理經典最淺白易懂
31	命理用神精華	【民國】王心田	學命理者之寶鏡

32	命學探驪集	【民國】張巢雲	發前人所未發 稀見民初子平命理著作
33	澹園命談	【民國】高澹園	
34	算命一讀通——鴻福齊天	【民國】不空居士、覺先居士合纂	
35	子平玄理	【民國】施惕君	
36	星命風水秘傳百日通	心一堂編	
37	命理大四字金前定	題【晉】鬼谷子王詡	源自元代算命術
38	命理斷語義理源深	心一堂編	稀見清代批命斷語及活套
39-40	文武星案	【明】陸位	失傳四百年《張果星宗》姊妹篇 千多星盤命例 研究命學必備
相術類			
41	新相人學講義	【民國】楊叔和	失傳民初白話文相術書
42	手相學淺說	【民國】黃龍	民初中西結合手相學經典
43	大清相法	心一堂編	重現失傳經典相書
44	相法易知	心一堂編	
45	相法秘傳百日通	心一堂編	
堪輿類			
46	靈城精義箋	【清】沈竹礽	沈氏玄空遺珍 玄空風水必讀
47	地理辨正抉要	【清】沈竹礽	
48	《玄空古義四種通釋》《地理疑義答問》合刊	沈瓞民	
49	《沈氏玄空吹虀室雜存》《玄空捷訣》合刊	【民國】申聽禪	
50	漢鏡齋堪輿小識	【民國】查國珍、沈瓞民	失傳已久的無常派玄空經典
51	堪輿一覽	【清】孫竹田	
52	章仲山挨星秘訣（修定版）	【清】章仲山	章仲山無常派玄空珍秘 門內秘本首次公開
53	臨穴指南	【清】章仲山	沈竹礽等大師尋覓一生未得之珍本！
54	章仲山宅案附無常派玄空秘要	心一堂編	
55	地理辨正補	【清】朱小鶴	玄空六派蘇州派代表作
56	陽宅覺元氏新書	【清】元祝垚	簡易・有效・神驗之玄空陽宅法
57	地學鐵骨秘 附 吳師青藏命理大易數	【民國】吳師青	釋玄空廣東派地學之秘
58-61	四秘全書十二種（清刻原本）	【清】尹一勺	玄空湘楚派經典本來面目 有別於錯誤極多的坊本

62	地理辨正補註　附　元空秘旨　天元五歌　玄空精髓　心法秘訣等數種合刊	【民國】胡仲言	貫通易理、巒頭、三元、三合、天星、中醫
63	地理辨正自解	【清】李思白	公開玄空家「分率尺、工部尺、量天尺」之秘
64	許氏地理辨正釋義	【民國】許錦灝	民國易學名家黃元炳力薦
65	地理辨正天玉經內傳要訣圖解	【清】程懷榮	秘訣一語道破，圖文并茂
66	謝氏地理書	【民國】謝復	玄空體用兼備、深入淺出
67	論山水元運易理斷驗、三元氣運說附紫白訣等五種合刊	【宋】吳景鸞等	失傳古本《玄空秘旨》《紫白訣》
68	星卦奧義圖訣	【清】施安仁	三元玄空門內秘笈　清鈔孤本　過去均為必須守秘不能公開秘密　與今天流行飛星法不同
69	三元地學秘傳	【清】何文源	
70	三元玄空挨星四十八局圖說	心一堂編	
71	三元挨星秘訣仙傳	心一堂編	
72	三元地理正傳	心一堂編	
73	三元天心正運	心一堂編	
74	元空紫白陽宅秘旨	心一堂編	
75	玄空挨星秘圖　附　堪輿指迷	心一堂編	
76	姚氏地理辨正圖說　附　地理九星并挨星真訣全圖　秘傳河圖精義等數種合刊	【清】姚文田等	蓮池心法　玄空六法　門內秘鈔本首次公開
77	元空法鑑批點本——附　法鑑口授訣要、秘傳玄空三鑑奧義匯鈔　合刊	【清】曾懷玉等	
78	元空法鑑心法	【清】曾懷玉等	
79	蔣徒傳天玉經補註	【清】項木林、曾懷玉	
80	地理學新義	【民國】俞仁宇撰	揭開連城派風水之秘
81	地理辨正揭隱（足本）　附連城派秘鈔口訣	【民國】王邀達	
82	趙連城傳地理秘訣附雪庵和尚字字金	【明】趙連城	
83	趙連城秘傳楊公地理真訣	【明】趙連城	
84	地理法門全書	仗溪子、芝罘子	巒頭風水，內容簡核、深入淺出
85	地理方外別傳	【清】熙齋上人	巒頭形勢、「望氣」「鑑神」
86	地理輯要	【清】余鵬	集地理經典之精要
87	地理秘珍	【清】錫九氏	巒頭、三合天星，圖文並茂
88	《羅經舉要》附《附三合天機秘訣》	【清】賈長吉	清鈔孤本羅經、三合訣法圖解
89-90	嚴陵張九儀增釋地理琢玉斧巒	【清】張九儀	清初三合風水名家張九儀經典清刻原本！

91	地學形勢摘要	心一堂編	形家秘鈔珍本
92	《平洋地理入門》《巒頭圖解》合刊	【清】盧崇台	平洋水法、形家秘本
93	《鑒水極玄經》《秘授水法》合刊	【唐】司馬頭陀、【清】鮑湘襟	千古之秘，不可妄傳匪人
94	平洋地理闡秘	心一堂編	雲間三元平洋形法秘鈔珍本
95	地經圖說	【清】余九臯	形勢理氣、精繪圖文
96	司馬頭陀地鉗	【唐】司馬頭陀	流傳極稀《地鉗》
97	欽天監地理醒世切要辨論	【清】欽天監	公開清代皇室御用風水真本
三式類			
98－99	大六壬尋源二種	【清】張純照	六壬入門、占課指南
100	六壬教科六壬鑰	【民國】蔣問天	由淺入深，首尾悉備
101	壬課總訣	心一堂編	過去術家不外傳的珍稀六壬術秘鈔本
102	六壬秘斷	心一堂編	
103	大六壬類闡	心一堂編	
104	六壬秘笈——韋千里占卜講義	【民國】韋千里	六壬入門必備
105	壬學述古	【民國】曹仁麟	依法占之，「無不神驗」
106	奇門揭要	心一堂編	集「法奇門」、「術奇門」精要
107	奇門行軍要略	【清】劉文瀾	條理清晰、簡明易用
108	奇門大宗直旨	劉毗	天下孤本　首次公開 虛白盧藏本《秘藏遁甲天機》
109	奇門三奇干支神應	馮繼明	
110	奇門仙機	題【漢】張子房	奇門不傳之秘　應驗如神
111	奇門心法秘纂	題【漢】韓信（淮陰侯）	
112	奇門廬中闡秘	題【三國】諸葛武侯註	
選擇類			
113－114	儀度六壬選日要訣	【清】張九儀	清初三合風水名家張九儀擇日秘傳
115	天元選擇辨正	【清】一園主人	釋蔣大鴻天元選擇法
其他類			
116	述卜筮星相學	【民國】袁樹珊	民初二大命理家南袁北韋
117－120	中國歷代卜人傳	【民國】袁樹珊	南袁之術數經典